DE LA
GERMINATION

PAR

Jules de SEYNES,

Docteur en médecine et docteur ès sciences naturelles.

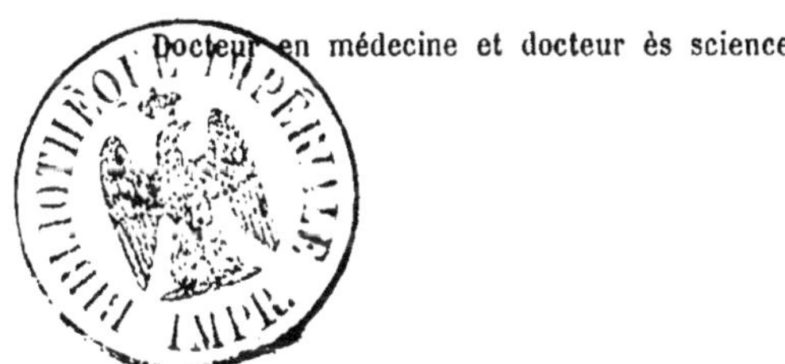

PARIS

J.-B. BAILLIÈRE ET FILS,

LIBRAIRES DE L'ACADÉMIE IMPÉRIALE DE MÉDECINE,

Rue Hautefeuille, 19.

Londres.	Madrid.	New-Yorck.
Hippolyte Baillière.	C. Bailly-Baillière.	Baillière Brothers.

1863

A MON AMI

GUSTAVE PLANCHON

PROFESSEUR AGRÉGÉ A LA FACULTÉ DE MÉDECINE DE MONTPELLIER.

A M. F. FOREL

LICENCIÉ ÈS SCIENCES NATURELLES.

JULES DE SEYNES.

DU MÊME AUTEUR.

Étude sur l'absorption gastro-intestinale. Montpellier, 1860. (Thèse inaug.)

Du parasitisme dans le règne animal et dans le règne végétal. Montpellier, 1860. (Thèse de concours.)

Polymorphisme de la reproduction d'un Fistulina buglossoïdes Bull. (Extrait du *Bulletin de la Société botanique de France.* Paris, 1863.)

Essai d'une Flore mycologique de la région de Montpellier et du Gard. Observations sur les Agaricinés, suivies d'une énumération méthodique. Paris, J.-B. Baillière, 1863.

L'étude de la germination des plantes a beaucoup occupé les observateurs de la fin du siècle dernier; depuis lors son histoire est renfermée dans les travaux qui concernent la végétation en général; nous verrons plus loin quelle en est la raison. Les progrès actuels de la chimie et de la micrographie ont nécessairement influé sur le nombre et la précision des connaissances dont cette étude s'est enrichie, mais il reste encore beaucoup à voir, beaucoup à analyser.

Dans les traités élémentaires ou généraux, on fait de la germination l'objet d'un chapitre qui suit immédiatement celui de la graine; aussi peut-on aborder tout de suite les phénomènes physiologiques et chimiques dont elle est à ce moment l'objet, et terminer par l'exposé des différences morphologiques que les principaux types de la série végétale présentent pendant la germination.

Dans un mémoire spécial, il m'a semblé nécessaire de modifier un peu cette marche pour donner à mon sujet plus d'unité : exposer les conditions extérieures qui déterminent la graine à germer, montrer l'évolution de ses parties dans les différents types que nous offre le règne végétal, puis pénétrer plus avant et étudier les changements intérieurs dont les organes, que nous aurons appris à connaître, sont le siége, tel a été mon plan. Dans chaque partie, j'ai tenu compte du point de vue historique nécessaire pour bien indiquer l'état actuel de la science, mais, afin de ne pas trop surcharger de noms l'exposition courante, j'ai énuméré la bibliographie au commencement de chaque chapitre au bas de la page (1). En apprenant à mes dépens combien étaient disséminés les travaux à consulter, il m'a semblé qu'il y aurait toujours un résultat utile à grouper quelques-uns de ceux qu'il est important de connaître ou qui appartiennent à l'histoire de la germination.

Enfin la rapidité de cette exposition et la sobriété de détails que je devais m'imposer dans les portions purement descriptives de ce travail, m'ont paru être utilement compensées, en y ajoutant une planche. J'ai groupé ainsi des types essentiels dont les figures sont empruntées à différents mémoires ou traités généraux.

(1) Vouloir énumérer tous les ouvrages où l'on peut trouver des matériaux n'eût pas été possible, car il y en aurait à peu près autant que dans le *Thesaurus* de Pritzel; je me borne donc à des indications principales, et je ne cite les ouvrages généraux que quand il y a quelque chose de spécial à y prendre au point de vue de la germination, et non pas seulement un chapitre où cette question soit traitée. D'autres fois j'ai indiqué des ouvrages anciens comme simple point de départ.

DE LA

GERMINATION

CHAPITRE PREMIER.

QU'EST-CE QUE LA GERMINATION? DES CONDITIONS EXTÉRIEURES QUI LA DÉTERMINENT ET DES AGENTS QUI PEUVENT L'INFLUENCER (1).

§ I.

La germination est dans son acception directe le développement d'un *germe* dont l'apparition est due à un premier acte physiologique connu, la fécondation. Ainsi définie, on comprend qu'elle embrasserait les deux règnes : il y a des germes végétaux et des germes animaux, de là, les comparaisons que l'on a pu faire entre l'œuf et la graine. La graine, chez un très-grand nombre de végétaux, contient un embryon formé, image en miniature du végétal qui en sortira, aussi est-ce la période de

(1) Auteurs à consulter :

— Pritzel. Thesaurus litterat. Bot., 1848, art. Germinatio, p. 507.

1689. Schelhammeri. Observatio XXXII. Amygdalorum germinatio. Observatio XXXIII. Palmæ ex semine Ortus. (ex *Act. Acad. natur. curios.*).

1779. Bonnet. Mémoires d'histoire naturelle, t. III, p. 208.

1798. Humboldt. De la germination (*Journal de physique*, vol. XLVII, p. 63).

1798. Le Fébure. Expériences sur la germination des plantes.—Strasbourg, in-8.

1799. Théodore de Saussure. Recherches sur l'influence du gaz oxygène sur la germination des graines (*Journal de Physique*, t. XLIX, p. 92).

1801. F. Huber et J. Senebier. Mémoire sur l'influence de l'air et de diverses

l'allaitement chez les animaux vivipares qu'on a comparée à la période de la germination des plantes supérieures (de Candolle). Chez d'autres végétaux, la semence n'offre que des éléments très-simples et peu organisés qui représentent mieux l'œuf, c'est dans ce sens que M. Schimper a pu dire que les Cryptogames sont ovipares et les Phanérogames vivipares. Une viviparité plus rapprochée de celle des animaux se rencontre habituellement chez le Manglier, cet arbre des régions tropicales qui croît dans les lagunes, à l'embouchure des rivières ; le fruit, de la grosseur d'une noisette, reste attaché à l'arbre, il fournit à la graine assez d'hu-

substances gazeuses dans la germination de différentes graines. — Genève.

1801. Carradori. Expériences pour déterminer l'influence de l'oxygène sur la germination (*Journal de Physique*, t. LIII, p. 253).

1802. Vastel. Mémoire sur la germination des plantes (*Magaz. encyclop.*, t. III, p. 69).

1804. Théod. de Saussure. Recherches chimiques sur la végétation. — Paris, in-8 (passim).

1827. Ramon de la Sagra. Annal. de cienc. de la Habana, 1827-1828-1829.

1830. Goeppert. Ueber die Wärmeentwickelung in den Pflanzen. — Breslau, 1830.

832. A. Pyr. de Candolle. Physiologie végétale. — Paris, 1832, t. II, p. 627 et suiv.

1832. Ch. Morren. Influence des rayons colorés sur la germination des plantes (*Ann. sc. nat.*, 2e série, t. XXVII, p. 201).

1833. Matteucci. Influence de l'électricité sur la germination (*Ann. de chim. e de phys.*, 2e série, t. LV, p. 310).

1834. Edwards et Colin. Influence de la température sur la germination (*Ann. sc. nat.*, 2e série, t. I, p. 257).

1836. Becquerel. Traité expérimental de l'électricité dans ses rapports avec les phénomènes naturels. — Paris, 1836, t. IV, p. 159, 185 et suiv.

1837. Edwards et Colin. Sur les effets de la vapeur d'eau dans toutes les périodes de la végétation (*Comptes rendus de l'Institut*, t. IV, p. 496).

1837. Meyen. Neues System der Pflanzenphysiologie. — Berlin.

1843. Zantedeschi. De l'influence qu'exercent sur la végétation des plantes et la germination de la graine, les rayons solaires transmis à travers de verres colorés (*Comptes rendus de l'Institut*, t. XVI, p. 746).

1860. Hermann Hoffmann. Untersuchungen über die Keimung der Pilzsporen (*Jahrbücher für wissenchaftliche Botanik*, analysé dans *Bull. Soc. bot. de Fr.*, t. VII, p. 516).

midité pour son premier développement, et bientôt on voit la radicule le percer, s'allonger jusqu'à 30 ou 40 centimètres, puis entraînant la tigelle, se détacher des cotylédons qui restent dans le fruit, et s'enfoncer par la pointe dans la vase. A Madère et dans les Canaries, l'embryon d'une Laurinée (*Persea gratissima*), dont les graines ne conservent leurs facultés germinatives que très-peu de temps, s'agrandit dans le fruit encore suspendu à l'arbre, et envoie à travers la pulpe de longues racines qui vont même jusqu'à émettre des radicelles. Dans des conditions exceptionnelles, d'autres végétaux présentent des faits analogues; qu'on puisse ou non les comparer à des animaux vivipares, je ne veux pas presser davantage ces comparaisons toujours un peu hasardées, qui peuvent offrir un certain charme à l'esprit, mais qui ne sauraient me fournir les éléments d'une définition. A ne considérer la germination qu'au point de vue restreint, que peuvent seuls envisager les traités élémentaires, rien ne serait mieux défini, et pour en donner l'idée la plus claire, je n'aurais qu'à reproduire le résumé si simple énoncé par de Candolle en quelques lignes : « Dès qu'une graine se trouve placée dans un degré de chaleur et d'humidité convenables, elle absorbe l'eau ambiante; l'amande de la graine se gonfle, et par suite de ce gonflement elle rompt son enveloppe; dès que la rupture a lieu, la radicule sort par la fissure et se dirige vers la terre où elle commence à pomper de la nourriture; la plumule se redresse et étale ses cotylédons : ceux-ci se dessèchent dès que les feuilles primordiales sont assez développées pour nourrir la jeune plante, et alors la germination est terminée (1). » Ainsi c'est, dira-t-on, un acte physiologique qui a pour objet le développement de toutes les parties de l'embryon fécondé pour l'amener à sortir de la graine, à se fixer et à se créer des moyens de devenir une plante qui pourra vivre par elle-même. — Mais, pour qui voudra tenir compte des travaux actuels sur le développement des Cryptogames, l'alternance de la génération, les phénomènes chimiques et histogéniques qui président à la nutrition générale des végétaux,

(1) De Candolle, *Physiol. végét.*, t. II, p. 627.

il y aura dans cette définition plus d'une lacune et plus d'un sujet de controverse ; dans l'état présent de la science, il faut cependant s'en contenter, sauf à indiquer sommairemement l'extension et les modifications que l'on doit apporter à l'idée primitive que je viens d'exposer. En voulant faire mieux, on s'exposerait à ne donner que des notions confuses ou à immobiliser la science dans des données qui n'expriment encore qu'un état transitoire.

Nous verrons bientôt qu'il y a des plantes ches lesquelles deux germinations successives précèdent l'apparition du végétal type. On pourrait prendre, il est vrai, la fécondation pour point de départ, et alors la seconde seulement porterait le nom de germination ; la première, produite par une semence formée par voie agame, serait un acte végétatif, comparable au développement d'un bourgeon, acte que l'on a coutume d'appeler gemmation. Ces moyens de division logique qui nous paraissent si simples sont rarement applicables aux phénomènes naturels : dans le cas présent, les procédés anatomiques et physiologiques de la germination se trouvent être exactement les mêmes, qu'il s'agisse d'une spore fécondée, d'une séminule, ou de quelques-uns de ces organes dont la liste tiendrait plusieurs pages, et qui servent à reproduire les végétaux inférieurs. L'usage des botanistes a consacré cette identité, et ils donnent le nom de germination à tout ce qui se présente à eux sous le caractère d'une spore donnant naissance à une nouvelle cellule qui lui est contiguë ou continue (1) ; ils le donnent indistinctement avec d'autant plus de raison, que dans la plupart des cas on ne saurait être sûr que la fécondation s'est ou ne s'est pas opérée antérieurement, un des agents étant encore ignoré.

Pour les botanistes qui admettraient encore que les végétaux inférieurs sont agames, ou ce qui revient au même, inembryonnés, la question serait facilement résolue, et la germination proprement dite n'existant plus que chez les Phanérogames, elle ne

(1) Il y a des cas où le cloisonnement ayant lieu de très bonne heure, la spore paraît simplement contiguë à la cellule primogène ; d'autres fois un filament mycélial, issu de la spore, semble longtemps n'en être que la continuation.

peut, nous venons de le voir, se confondre avec autre chose, cependant il y a encore ici quelques réserves à faire : considérer la germination, j'entends la germination incontestable, celle des végétaux supérieurs, comme un acte à part parfaitement net et tranché dans les moyens qu'elle emploie, dans les effets qu'elle produit, serait encore omettre des données importantes. Les études micrographiques et chimiques sur les végétaux ont montré que, dans la présence des substances azotées, l'absorption de l'oxygène, l'accumulation des produits hydrocarbonés, il y avait un grand nombre de phénomènes communs à la formation des tissus très-jeunes ; par suite on s'est habitué à ne voir dans la germination qu'un anneau d'une chaine continue dont on a cherché à connaître l'ensemble ; on n'y a vu, en un mot, qu'une application particulière de lois plus générales, et de là vient actuellement cette absence relative de travaux spéciaux sur la germination, malgré l'abondance des sources auxquelles il faut aller puiser son histoire.

Si ces observations générales témoignent d'une unité de plan toujours admirable, elles nécessitent aussi dans l'exposé des faits, qui en sont la base, une précision d'autant plus grande, qu'en nous plaçant au point de vue le plus large et le plus élevé, nous courrions risque de voir les objets s'effacer, se confondre et ne plus laisser de trace dans notre esprit.

Après ces quelques indications, sur lesquelles notre sujet nous obligera à revenir, il faut entrer dans son étude elle-même, y chercher les éléments d'une connaissance plus complète et de conclusions plus autorisées.

§ II.

Placée sur un corps solide, inerte, une graine ne pourra germer que si elle reçoit l'action de l'eau, de l'oxygène et de la chaleur. Le milieu solide où se trouve la graine ne doit être considéré que comme un support passif; il ne tire son importance que de son état de division ou de porosité qui lui permet de retenir plus ou moins bien les liquides et les gaz, et de faciliter la fixation des racines pour le développement ultérieur du végétal ; telles sont les conditions que présentent les roches exposées à l'air, les écorces végétales, les sables, la terre, milieu habituel où se passe la germination ; mais on comprend qu'il y ait une infinité d'autres substances qui les réalisent aussi bien. Le coton, la mousse, l'éponge, sont des milieux très-convenables dans lesquels on fait journellement germer des graines ; des Cryptogames entomogènes (*Sphæria*, *Isaria*, *Botrytis*) germent avec une grande facilité au sein de substances animales. Il serait, du reste, aussi long que superflu d'entrer dans le détail de ces germinations, dont le siége peut être singulier, mais qui n'offrent rien d'anormal au point de vue physiologique, tant qu'elles reçoivent l'influence des trois agents que nous allons passer en revue.

1° *Eau.* — L'eau est indispensable à la germination; elle agit d'abord comme agent physique, en gonflant et ramollissant les tissus extérieurs dont elle facilite la rupture, puis, par sa seule présence, elle aide aux réactions chimiques pour lesquelles elle est indispensable, enfin c'est le véhicule qui doit transporter les matériaux solubles nécessaires à la nutrition et à l'accroissement. La plus simple expérience démontre la nécessité de l'eau, ou plutôt d'une humidité suffisante : les graines conservées à l'air sec ne donnent jamais aucun signe de germination. — On voit cependant germer des graines d'Amaryllidées placées sur une surface et dans un air très-secs, mais ici les téguments charnus et épais deviennent la source à laquelle l'embryon emprunte l'humidité dont il a besoin. De là vient aussi que des graines peuvent germer dans la pulpe du fruit, les Cucurbitacées, les *Avicennia* et beaucoup d'autres végétaux présentent quelquefois ce fait ; j'ajouterai seulement à la liste des plantes connues et signalées partout, le Lierre, qui m'a offert un exemple de ces germinations *fructicoles*. La quantité d'eau dont chaque graine a besoin pour germer est généralement proportionnée à sa grosseur, et le poids de celle qui est absorbée dépasse celui de la graine : un haricot, par exemple, pesant 544 milligrammes a pu absorber 756 milligrammes, et un autre du poids de 358 milligrammes, en a absorbé 491 (de Candolle, *Phys. végét.*). Si une certaine quantité d'eau est indispensable à toute germination, il faut qu'elle soit divisée et permette l'accès de l'air (1) ; en trop grande abondance, elle amène la putréfaction plus ou moins vite, suivant les graines, avant ou après les premiers moments de la germination. Les graines des plantes terrestres ne peuvent donc rester longtemps submergées, à moins qu'elles ne soient entourées d'un péricarpe très-dur ou d'un testa épais et pierreux qui les protége. Les graines des plantes aquatiques germent sous l'eau, quelques-unes toutefois viennent à la surface, mais les unes et les autres, si elles restent plongées dans l'eau privée d'air, bouillie ou distillée, ne donnent aucun signe de germination (2), pas plus que si elles sont maintenues dans le vide (3) ; nous sommes ainsi amené à étudier l'influence d'un autre agent essentiel.

2° *Oxygène.* — En 1801, Huber et Senebier avaient, d'après un grand nombre d'expériences, conclu à l'importance du gaz oxygène, et ils ajoutaient que la plupart des graines ne sauraient germer dans des atmosphères artificielles où végètent les plantes qu'elles produisent. Les expériences rigoureuses de Th. de Saussure ne laissèrent plus aucun doute ; elles sont toujours restées classiques ; il en ressort clairement, comme de toutes celles reprises depuis, qu'en dehors d'un milieu oxygéné, la germination est impossible ; les essais dans l'azote,

(1) De là vient la nécessité d'un milieu solide poreux, d'un sol régulateur, de l'arrosement, suivant l'expression de de Candolle (*Physiol. végét.*).

(2) Huber et Senebier ne purent arriver à le démontrer nettement, mais Th. de Saussure corrigea ce qu'il y avait d'erroné dans leurs expériences.

(3) Malgré les expériences contraires de Homberg, dont Senebier lui-même a montré l'erreur, voyez Senebier, *Physiol. végét.*, t. III, p. 383. — Les expériences sur ce sujet sont assez anciennes et remontent à l'Académie del Cimento.

dans l'hydrogène ou dans l'acide carbonique n'ont jamais donné de résultat, tandis que dans l'oxygène pur ou mêlé en suffisante proportion à d'autres gaz, les graines germent ; c'est donc par l'oxygène que l'air influe sur la germination.

La quantité suffisante pour le début peut être extrêmement minime, ainsi que le montrent les observations de Huber et de Senebier, de germinations obtenues dans de l'eau qu'ils croyaient avoir privée d'air, ou celles de Homberg dans le vide que l'on a reconnu avoir été incomplet (1). Ceci m'amène à dire un mot de la tension de l'air dont l'influence a été étudiée par Döbereiner ; d'après cet auteur, quand la pression est diminuée de moitié, les feuilles de l'orge mise en germination sont molles, déroulées et courtes ; sous une pression double de celle de l'atmosphère, les feuilles produites sont solides, sèches, enroulées et d'une longueur presque double.

3° *Chaleur.*— Il faut enfin aux graines pour germer une troisième condition, un certain degré de chaleur. Il est difficile d'isoler cette étude de celle de la persistance des facultés germinatives, nous sommes obligé d'y faire quelques emprunts pour savoir dans quelles limites s'exerce l'influence de la chaleur. On ne connaît pas de graines de Phanérogames qui germent à 0 degré, le minimum de température auquel on puisse faire germer du blé d'hiver, de l'orge et du seigle, est 7 degrés, et il y a des exemples de germination entre 3 degrés (Gœppert) et 5 degrés (Lefébure). On a pu refroidir pendant quelques minutes des graines jusqu'à la température de la solidification du mercure sans détruire leur faculté germinative (2). Des spores de Champignons soumises à la gelée dans une goutte d'eau peuvent encore germer, et quelques espèces germent à une température de très-peu supérieure à 0 degré. Quant aux limites de l'extrême chaleur que les graines peuvent supporter, elles varient beaucoup suivant les espèces : telle graine germe à une température qui dépasse la limite à

(1) Il suffit pour que des graines puissent germer que l'atmosphère dans laquelle elles sont placées contienne de $\frac{1}{8}$ à $\frac{1}{32}$ d'oxygène.

(2) Il est nécessaire pour cela que les graines soient très sèches.

laquelle telle autre ne peut atteindre. Des graines de pays tropicaux germent à 45 ou 50 degrés (Ramon de la Sagra), tandis que, au-dessus de 38 degrés, la Rave ne peut plus germer (Lefébure); mais sur une même espèce la limite peut s'élever plus ou moins, suivant l'état hygrométrique de l'atmosphère. MM. Edwards et Colin ont précisé les moyennes que l'on peut atteindre dans les différentes conditions de sécheresse ou d'humidité; ils ont fixé la limite moyenne dans l'eau à 50 degrés, dans la vapeur d'eau à 62 degrés, dans l'air sec à 75 degrés, en supposant que les graines ne restassent pas exposées plus de quinze minutes à ces températures; si on veut les laisser séjourner quelque temps dans un milieu à haute température, la limite s'abaisse: elle est de 35 degrés pour l'eau, de 35 à 45 degrés pour le sable humide. M. Doyère a reconnu qu'en faisant agir la chaleur graduellement à l'air sec, la limite supérieure pouvait être dépassée.

Dans toutes ces expériences, l'épaisseur et la conductibilité des enveloppes doivent être prises en grande considération relativement au temps pendant lequel on soumet les graines aux températures élevées; c'est sans doute pour avoir négligé cette donnée qu'on a pu supposer que des graines, non-seulement supportaient la température de l'eau bouillante, mais même s'en trouvaient bien (Henlow). Meyen a voulu vérifier ce fait sur des graines de *Lepidium sativum*, *d'Ipomœa sativa* et d'*Avena*; il a reconnu qu'un séjour de deux secondes dans l'eau bouillante retardait la germination; que si on le prolongeait jusqu'à cinq minutes toutes les graines étaient tuées, résultat facile à prévoir. A partir de la limite inférieure, la chaleur active la germination à mesure qu'elle s'accroît jusque près de la limite supérieure, et, d'une manière générale, l'uniformité de la température est une condition favorable.

Les hautes températures sont supportées beaucoup plus facilement par les spores de plusieurs Champignons. M. Hoffmann a vu germer des spores d'*Uredo segetum* après les avoir exposées pendant une heure à une chaleur sèche de 104 à 128 degrés; mais la chaleur humide détruit la faculté germinative des spores à des degrés fixes pour chaque espèce, entre 58 et 62 degrés pour l'*Uredo segetum*, entre 70 et 73 degrés pour l'*U. destruens*. La latitude entre les limites inférieures et les supérieures est donc plus grande chez les Cryptogames que chez les Phanérogames. Bien qu'on pût être tenté de supposer au premier abord que la structure délicate des spores devait les rendre plus sensibles aux températuresextrêmes, ce résultat est tout à fait en rapport avec la persistance des propriétés vitales que les organismes inférieurs nous présentent à un plus haut degré que les êtres à organisation plus complexe.

Les graines en germination peuvent être soumises à d'autres influences qui ne jouent plus qu'un rôle très-secondaire, souvent à peine connu ou inappréciable, et dont l'intervention peut simplement retarder ou accélérer la marche de ce phénomène, et peut être supprimée sans inconvénient : tels sont la lumière, l'électricité et divers agents chimiques.

D'après les expériences d'Ingenhouz et de Senebier on a longtemps pensé que l'obscurité était favorable à la germination, et que la lumière la retardait à mesure qu'elle acquerrait plus d'intensité. M. Morren a fait à ce sujet des expériences au moyen des rayons colorés qui ont, comme on le sait, des pouvoirs éclairants plus ou moins intenses ; il était arrivé à cette conclusion, que parmi les rayons colorés, ceux dont le pouvoir éclairant (sauf le vert) est le plus fort, sont aussi ceux qui retardent le plus la germination; mais M. Brongniart a fait ressortir le peu de certitude de ces observations, en montrant que les résultats annoncés par M. Morren pouvaient dépendre, non-seulement de la différence du pouvoir éclairant des divers rayons du spectre solaire, mais aussi de la quantité plus ou moins grande de lumière blanche que les verres colorés laissent passer (1).

Cette question n'est donc pas encore résolue, car on a pu attribuer à la lumière une influence négative due en réalité à la dessiccation produite par la chaleur qui l'accompagne ; on a aussi attribué à l'obscurité une influence accélératrice qui pou-

(1) *Ann. des sc. nat.*, 1832, vol. XXVII, p. 205.

vait bien n'être due qu'à la chaleur absorbée par les corps opaques servant à protéger les graines contre les rayons lumineux (1). On sait l'influence que la lumière exerce sur la production de la matière verte, et le mode de respiration des parties vertes à la lumière ; nous verrons plus tard que pendant la germination l'échange gazeux se fait en sens inverse c'est-à-dire en absorbant l'oxygène ; il semble donc qu'en sollicitant trop tôt la formation de la matière verte et l'exhalation de l'oxygène, la germination doit être plutôt gênée qu'activée ; d'un autre côté, la période qui précède l'apparition de la matière verte est si courte chez un grand nombre de plantes, qu'il n'est pas étonnant que cet effet de la lumière ne soit pas appréciable.

Les spores des Cryptogames germent tout aussi bien à la lumière que dans l'obscurité ; du reste le mode d'existence d'un grand nombre d'entre eux les place également dans ces deux alternatives ; toutefois Milde a observé que le développement des spores d'*Equisetum* pour former un proembryon se faisait d'une manière irrégulière dans l'obscurité.

« Quelques-uns ont assuré, dit de Candolle, que l'électricité artificielle ou naturelle excite la germination ; mais je ne connais pas d'expériences assez précises à cet égard pour hasarder une opinion (2). » Trente ans après l'illustre botaniste, c'est encore ce que nous sommes obligés de répéter, malgré les expériences faites depuis. Troots, Witz, Senebier et de Candolle n'ont vu aucune accélération sensible dans la végétation des graines électrisées. Ingenhouz a nié aussi l'influence de l'électricité. Davy n'a eu d'autre but que d'en observer l'action en employant des courants très-forts qui détruisaient le tissu végétal.

Les expériences faites par M. Becquerel (1836), avaient pour objet de constater les différences d'action que pourraient exercer l'électricité positive ou l'électricité négative, mais l'auteur lui-

(1) Voy. de Candolle, *Physiol. végét.*, t. II, p. 638.

(2) De Candolle, *Physiol. végét.*, 1832, t. II, p. 639.

même attribue les effets accélérateurs observés aux produits, soit des actions électro-chimiques, soit des actions secondaires que détermine le courant, en traversant l'eau plus ou moins chargée de matières salines où sont plongées les graines et en décomposant les substances contenues dans ces graines elles-mêmes. M. Becquerel pense en effet que l'hydrogène, les bases, et l'ammoniaque formé aux dépens de l'hydrogène de l'eau et de l'azote de l'air sur le pôle négatif rendent compte de l'activité plus grande manifestée chez les graines germant en ce point; tandis qu'au pôle positif il ne peut se former qu'un sel métallique susceptible d'altérer les graines ; l'action de ce pôle, tendant à leur enlever l'oxygène, agit de plus en sens inverse des forces végétatives.

On ne peut donc répéter avec A. Richard, que le fluide électrique exerce une influence très-marquée sur la germination ; les actions qu'on a constatées jusqu'ici sont des effets détournés et pour ainsi dire de seconde main, comparables à ceux que produit sur les plantes l'électricité atmosphérique, en déterminant pendant les pluies orageuses la formation d'acide azotique et d'ammoniaque, composés qui agissent directement sur la végétation et lui impriment une grande activité. Il est du reste difficile de supposer qu'on puisse faire agir l'électricité sur les végétaux sans amener des décompositions qui s'opposent à la continuation de la vie; si les animaux se prêtent aux expériences de cette nature, c'est que, seuls, ils contiennent un tissu, le tissu nerveux, qui peut ressentir et manifester l'action de l'électricité avant d'être détruit par elle.

Depuis les expériences de Humboldt (1795), on sait que le chlore active sensiblement la germination ; il peut y avoir des différences de 5 à 32 heures entre le temps que des graines placées dans de l'eau chargée de chlore ou dans de l'eau pure mettent à entrer en germination. Jacquin et Vander Schott jetèrent dans l'acide chlorydrique étendu des graines anciennes conservées depuis vingt ou trente ans au Jardin botanique de Vienne ; ils virent alors se développer des *Guilandina Bonduc*, des *Cytisus Cajan*, des *Dodonæa angustifolia*, etc., dont la culture avait inutilement été essayée auparavant.

Ces expériences ont été vérifiées et répétées ; on a reconnu que les vapeurs de brome et d'iode avaient la même propriété ; or, on sait que ces corps s'emparent de l'hydrogène de l'eau et mettent l'oxygène en liberté, c'est dans le dégagement de l'oxygène qu'on a cherché une explication à ces faits. Mais si l'oxygène est indispensable à la germination, il est peu important qu'il soit en quantité supérieure à ce qu'il est dans l'air, car, d'après les expériences de Saussure, les graines mises dans l'oxygène seul germent très-peu sensiblement plus vite, et l'on n'a pas pu attribuer à ce gaz une action accélératrice évidente ; seulement ici il y a une circonstance qui ne nous paraît pas avoir été suffisamment mise en lumière : c'est que l'oxygène résultant de la décomposition de l'eau par le chlore est à l'état que les chimistes ont appelé *état naissant*. Sans attacher à ce mot un sens qui ferait supposer à l'oxygène des propriétés nouvelles, on reconnaît qu'un élément qui se sépare d'une combinaison est, au moment où il vient de rompre ainsi ses affinités, plus apte à entrer dans des combinaisons nouvelles (1) ; telle est sans doute la cause de cette influence accélératrice exercée par le chlore, et qu'on retrouverait probablement chez tous les corps avides d'hydrogène ou disposés à abandonner leur oxygène ; les expériences faites par de Candolle au moyen de l'acide azotique étendu, en sont une preuve de plus. Beaucoup d'autres

(1) La chimie est fertile en exemples frappants de cette différence entre la manière dont se comportent les corps dans leur état ordinaire, et les mêmes corps à l'état naissant. Sans chercher en dehors du gaz qui nous occupe, faites passer un courant d'oxygène dans l'eau, vous n'obtiendrez aucune combinaison, mais au moyen d'un acide qui s'unira à la baryte, faites dégager en présence de l'eau une partie de l'oxygène du bioxyde de baryum, et cet oxygène s'unira à l'eau avec la plus grande facilité, pour former de l'eau oxygénée. Je ne puis mentionner la production de l'eau oxygénée sans rappeler quelles belles applications à la physiologie générale M. Dumas a fait entrevoir dans les résultats de la découverte de Thenard, enrichie par les travaux de M. Schoenbein. (Voy. *Discours à la Société des amis des sciences*, mars 1861.)

agents peuvent avoir une action sur les graines, mais en étudier ici l'influence serait empiéter sur les faits relatifs à la vitalité de la graine ou aux applications pratiques, et c'est là qu'il convient d'en renvoyer l'examen.

CHAPITRE II.

DE LA GERMINATION AU POINT DE VUE MORPHOLOGIQUE DANS LA SÉRIE VÉGÉTALE.

Quand la semence d'une plante germe, en obéissant aux influences dont l'étude a fait l'objet du chapitre précédent, elle éprouve des changements extérieurs de forme et de dimension. L'étude de ces changements morphologiques va maintenant nous occuper; elle m'obligera à donner quelques détails sur la structure du corps reproducteur, mais je laisserai de côté tout ce qui ne sera pas absolument nécessaire à la clarté de l'exposition. Les modes nombreux de reproduction, l'alternance ou le polymorphisme de la génération découverts chez les Cryptogames (1) ne peuvent ici être passés sous silence; ils ne m'arrêteront que dans la mesure où ils intéressent directement mon sujet, et j'éviterai d'entrer dans le détail de phénomènes physiologiques spéciaux qui pourraient m'entraîner trop loin. Tant pour les Cryptogames que pour les Phanérogames, je me contenterai de prendre quelques types autour desquels pourront se grouper les diverses modifications que présentent ces deux grands embranchements dans leurs groupes secondaires.

(1) Une théorie ingénieuse étend la notion d'alternance de la génération aux Phanérogames eux-mêmes, mais ici cette considération est sans influence sur notre sujet.

§ I. — Cryptogames (1).

Le phénomène initial qui, chez les Cryptogames, précède le développement de l'individu complet, est toujours très-simple, il participe de la simplicité même des organes ; mais, par suite de la quantité de corps reproducteurs différents, et malgré, ou plutôt à cause du nombre et de l'importance des découvertes récentes dans ce domaine, je ne crois pas qu'il y ait en physiologie végétale beaucoup de questions aussi embrouillées que celle de la germination chez les végétaux inférieurs. Chez les plus simples, il n'y a pas à proprement parler de germination ; l'évolution végétative est toujours la même, qu'il s'agisse de l'apparition de nouvelles cellules pour agrandir le végétal, ou de l'accroissement d'une cellule qui remplit simultanément le rôle d'organe reproducteur et d'organe de végétation.

Mais dans la grande division des Algues, à part quelques Infusoires et quelques genres comme les *Protococcus*, les *Lyngbia*, les *Nostochs*, etc., l'existence reconnue d'une fécondation nous permet de suivre aussi la germination avec certitude, grâce aux travaux de MM. Decaisne et Thuret, Braun, Pringsheim, De Bary, etc...La spore non fécondée d'un Fucus présente quelquefois une tendance à produire un tube irrégulier qui s'arrête

(1) Auteurs à consulter :

1782. Hedwig. Fundamentum historiæ naturalis Muscorum, t. II, p. 50.

1800. Vaucher. Mémoire sur les graines des Conferves.

1801. Vaucher. Notice sur le développement du *Salvinia* (*Annales du Muséum*, t. XVIII, p. 404).

1803. Vaucher. Histoire des Conferves d'eau douce.

1822. Agardh. Observations sur la germination des Presles (*Mémoires du Muséum d'histoire naturelle*, t. IX, 1822).

1822. Vaucher. Sur la fructification des Presles (*Mém. de la Soc. de phys. et d'hist. nat. de Genève*, t. I, 2e partie).

1828. Bischoff. Die kryptogamischen Gewächse mit besonderer Berücksichtigung der Flora Deutschlands u. s. w. Nürnberg.

1833. Mirbel. Recherches anatomiques et physiologiques sur le *Marchantia polymorpha*.

1836. Fabre (Esprit) et Dunal (Michel-Félix). Mémoire sur la structure, le développement et les organes générateurs d'une espèce du *Marsilea Fabri*,

bientôt et avorte dans son développement. Ce fait est intéressant à constater, car il nous traduit une sorte d'affinité avec les végétaux, chez lesquels on ne connaît que des organes de végé-

et Note sur la germination de cette plante (*Comptes rendus de l'Institut*, t. III, p. 550, et t. IV, p. 906).

1837. Henderson. Germination of Ferns (*Mag. of Zool. and Bot.*, t. I, p. 333).

1839. Crouan. Observations microscopiques sur les Ectocarpes (*Ann. des sc. nat.*, 2e sér., t. XII, p. 248).

1846. Léveillé. Considérations mycologiques. — Article Mycologie du *Dict. d'hist. nat.* de d'Orbigny)

1848. W. P. Schimper. Recherches anatomiques et morphologiques sur les Mousses. — Strasbourg, 1848, p. 1-9.

1848. Leszczyc-Suminski. Zur Entwiklungsgeschichte der Farnkräuter (anal. dans *Ann. des sc. nat.*).

1849. Wigand. Zur Entwickelungsgeschichte der Farnkräuter (*Bot. Zeit.*, 2. Stück. 1849).

1850. J. Milde. De sporarum Equisetorum germinatione. Dissert. inaug. Botanica.

1850. J. Payer. Botanique cryptogamique. — Paris, 1850 (passim).

1851. Thuret et Decaisne. Recherches sur les zoospores des Algues et les anthéridies des Cryptogames.

1852. L. R. Tulasne. Mémoire pour servir à l'histoire organographique et physiologique des Lichens (*Ann. sc. nat.*, 3e série, t. XVII, p. 87 et suiv.).

1853. Ch. Robin. *Hist. nat. des végét. paras. qui croissent sur l'homme et les anim. vivants*. In-8. Atlas. Art. III, sect. Ire : Examen anatomique des éléments organiques des végétaux (et passim).

1854. J. Groenland. Mémoire sur la germination de quelques Hépatiques (*Ann. sc. nat.*, 4e série, t. I, p. 5).

1855. Pringsheim. Sur la fécondation et la germination des Algues (*Ann. des sc. nat.*, 4e sér., t. III, p. 363).

1856. Pringsheim. Observations sur la fécondation et la génération alternante des Algues (*Ann. des sc. nat.*, 4e sér., t. V, p. 250).

1856. W. Hofmeister. Note sur la fécondation des Fougères (*Ann. sc. nat.*, 4e série, t. I, p. 371).

1857. Berkeley. Introduction to Cryptogamic Botany.

1858. A. de Bary. Sur la germination des Lycopodes (*Ann. sc. nat.*, 4e série, t. IX, p. 30).

1859. M. N. Pringsheim. Matériaux pour servir à la morphologie et à l'étude systématique des Algues (Extrait du *Jahrbücher für wissenschaftliche Botanik*, t. I, p. 1, in *Ann. sc. nat.*, 4e série, t. XI, p. 272).

1859. H. Hoffmann. Ueber Pilzkeimungen (*Bot. Zeit.*, nos 24 et 25, 17 et 42 juin 1859, analysé dans *Bull. Soc. bot. de Fr.*).

1861. L. R. Tulasne. Selecta Fungorum carpologia, t. I.

tation se reproduisant par simple gemmation. Le plus souvent, du reste, quand la spore n'a pas été fécondée, elle se détruit; mais peu après la fécondation, elle se présente sous la forme d'un corps globuleux, enveloppé d'une membrane remplie de chlorophylle; une première cloison apparaît et divise la spore en deux, tandis qu'un petit épaississement s'observe sur un des points de la membrane et forme une protubérance qui, en s'accroissant, tend à rendre la spore ovoïde ou pyriforme (fig. 8). Cette élongation se prononce dans un sens perpendiculaire à la formation de la première cloison et quelquefois la précède; d'autres fois, il se forme auparavant de nouvelles cloisons, les unes parallèles, les autres perpendiculaires à la première formée (fig. 9). La partie de la spore qui formait une protubérance s'allonge de plus en plus et constitue un filament dépourvu de chlorophylle; d'autres filaments semblables naissent auprès et forment les radicules qui fixeront la jeune plante. La spore, par le cloisonnement successif des cellules, s'est agrandie et allongée, en prenant la forme d'une petite expansion obovale brune, du sommet de laquelle naissent quelques poils que l'on trouve sur la fronde de la plupart des Fucacées (1). Cette marche très-simple peut servir de type. Le nombre des couches membraneuses qui enveloppent la spore augmente suivant le temps qui doit s'écouler entre l'époque de sa fécondation et celle de sa germination; dans le cas où il y a deux couches, la plus interne perce l'externe, ainsi que cela arrive dans les Vaucheries et va constituer la plante (fig. 9'). Quelquefois on n'aperçoit pas de segmentation dans l'intérieur de la spore; il peut y avoir quelques autres différences, mais peu importantes au point de vue spécial qui nous occupe.

Examinons maintenant ces *Œdogonium*, qu'a si admirablement étudiés M. Pringsheim, nous y verrons l'*oospore*, fécondée dans l'intérieur de l'oogonium, augmenter de volume, crever les enveloppes formées par ce dernier corps, puis s'allonger en

(1) G. Thuret, *Recherches sur la fécondation des Fucacées* (*Ann. sc. nat.*, 4e sér., t. II, p. 197).

tout en végétant au sein de l'atmosphère ; en effet, « si, après une pluie de quelques heures, on recueille l'eau qui s'est amassée dans la gaîne ou l'aisselle caulinaire du *Tragopogon*, chargé de *Cystopus*, on trouvera la plupart du temps dans cette eau tout à la fois des sporanges évacués et des zoospores en mouvement ou déjà germées (1). » Ces conditions peuvent sans doute se réaliser aussi au sein des liquides organiques qui baignent le parenchyme végétal dans lequel pénètrent ces plantes. Mais, hâtons-nous de le dire, si les zoospores de quelques espèces sont curieuses à connaître et nous montrent une transition remarquable aux Algues, elles constituent un mode de reproduction tout à fait exceptionnel, et c'est sur d'autres corps que, dans l'immense majorité des cas, nous aurons à étudier le phénomène de la germination chez les *Fungi*.

La spore que, par sa seule situation, on peut supposer correspondre à la semence fécondée, s'offre ici avec un degré de simplicité très-grande : cellule généralement simple, immobile, le plus souvent elliptique, rarement pluriloculée, elle ne contient pas d'endochrome, mais de l'huile ou un liquide très-finement granuleux, quelquefois l'un et l'autre ; d'autres fois elle est translucide. Quand elle germe, une petite hernie se montre sur un ou deux points, s'allonge en cellule cylindrique, se segmente, produit ainsi un filament qui se ramifie plus ou moins pour former le mycélium, sorte de conferve souterraine qui constitue la plante, et qui n'est jamais coloré en vert (fig. 1, 2, 3). J'ai décrit dans un précédent travail les apparences successives et les rapports différents que présentent les liquides huileux de l'intérieur de ces spores (2).

C'est certainement dans ce groupe végétal que l'on peut assister au plus grand nombre de germinations ambiguës ; il n'entre pas dans notre cadre de mentionner tous les corps reproducteurs ou soupçonnés tels, découverts parmi les Champignons ; il nous suffira d'en citer quelques uns. De même que nous

(1) De Bary, *Formation des zoospores chez quelques Champignons* (*Ann. sc. nat.*, 1860, 4e sér., t. XIII, p. 242).

(2) Voy. *Essai d'une Flore mycologique*, p. 34 et suiv.

avons vu plus haut une zoospore donner naissance, au moment même de sa germination, à une autre zoospore, de même aussi des spores fongiques peuvent produire à leur périphérie de petites cellules envisagées comme des corps reproducteurs qui épuisent leur faculté germinative, et ne peuvent plus pousser de mycélium. Des cellules de forme régulière ou irrégulière, qui prennent naissance en des points assez divers du végétal et dont on est en droit de supposer qu'elles ne proviennent pas d'une génération sexuée, peuvent encore germer. Ces productions gongylaires, ces conidies correspondent aux propagules des Mousses ou des *Marchantia*, elles germent dans les mêmes conditions et de la même manière que les vraies spores.

Ainsi, dans les Champignons comme dans les Algues, on a donné le nom de *germination* à des phénomènes que l'on doit considérer comme différents, mais qui se présentent sous la même apparence extérieure et peuvent produire le même résultat. C'est dans ce sens aussi que l'on parle de la germination d'un tubercule de pomme de terre et de celle d'un grain de blé, deux choses bien distinctes en considérant les végétaux dans les rapports de leurs différentes parties, mais qui ont la plus grande analogie, à ne considérer que les phénomènes chimiques et physiologiques qui les accompagnent, et leur résultat final, la production d'une nouvelle plante.

S'il y a ici de l'importance à préciser le sens dans lequel on emploie les mots, il y en aurait bien peu à en ajouter de nouveaux, ce serait chose tout à fait impossible en cryptogamie que de déterminer les cas où l'on a affaire à une véritable germination ou à une gemmation, et souvent l'une et l'autre se suppléent ou se confondent. En arrivant aux confins de toute étude des êtres organisés, considérés soit comme individus disposés en groupes, soit au point de vue de leur physiologie, il y a des nuances que l'esprit conçoit, mais qu'il ne faut pas subtiliser par le langage, au risque d'être confus à force de vouloir être clair.

Chez les Cryptogames acrogènes, il y a encore un grand nombre de corps reproducteurs secondaires de génération agame, mais leur situation et leur structure chez les Mousses, les *Marchan-*

tia, etc., les distingue assez nettement ; je n'ai pas plus à faire connaître leur mode de végétation que je n'aurai à parler des bourgeons, des bulbilles ou des stolons des Phanérogames. Mais il s'ajoute une nouvelle cause de complication : une formation végétale transitoire résulte de la germination, et c'est d'elle que sort la plante type. Ce nouvel état de la plante qui rappelle souvent dans sa structure l'état permanent d'un végétal inférieur a reçu le nom de *protonema*, *proembryon*, *prothallium*, et nous allons étudier sa formation qui se rattache à deux modes physiologiques bien différents.

Les spores fécondées des Hépatiques et des Jungermannes paraissent offrir un commencement de spécialisation fonctionnelle et anatomique ; d'après Gottsche, on reconnaîtrait dans la spore mûre du *Pellia* la cellule destinée à donner naissance à la radicule; pour M. Groenland ce n'est, il est vrai, que la partie amincie de la spore qui donnera naissance à la radicule sans qu'on puisse dire qu'elle préexiste (1) ; toutefois c'est déjà une différence accusée que l'on retrouverait à certains égards dans le rostre des Zoospores, mais nullement chez les Champignons et les Lichens. D'une manière générale, ces spores apparaissent sous forme de petits corps sphériques bruns ; mises dans des conditions convenables elles se gonflent, se séparent en deux portions dont l'une reste brune, l'autre se subdivise en deux, en sens contraire, puis ces divisions se répétant il en résulte deux séries de cellules terminées des deux côtés par une cellule unique; dans un grand nombre de cas, il y a émission très-prompte de la cellule radiculaire. L'organe aplati, plus ou moins lobé, formé d'un plus ou moins grand nombre de cellules qui a pris naissance, sorte de *thallus* plein de chlorophylle, se distingue très peu chez les *Marchantia*, un peu plus chez les Jungermannes, de la plante à laquelle il est destiné à donner naissance; telle est la forme la moins accusée de l'organe intermédiaire qui intervient dans la germination des Cryptogames acrogènes.

(1) Chez le *Pellia epiphylla* seulement, le corps reproducteur est pluriloculaire ; une des cellules se distingue de ses voisines par le peu de chlorophylle qu'elle contient, et c'est elle qui donnera naissance à la radicule. (Voy. Groenland, *loc. cit.*).

Chez les mousses (fig. 6 et 7), la germination des spores a été suivie avec un très-grand soin par M. Schimper, et, depuis, par beaucoup de bryologues ; le proembryon a chez ces végétaux une forme ramifiée qui le rend plus différent de la plante elle-même, et lui permet de donner simultanément naissance à plusieurs individus.

Avant que les questions de dimorphisme ou de polymorphisme eussent compliqué cette étude, on avait cherché l'analogue de l'embryon dans ce *proembryon* ou *protonema* coexistant quelque temps avec les racines et le bourgeon qui devaient produire la plante ; mais la connaissance de la germination des Prêles, des Fougères, des Lycopodes n'a plus permis de simplifier autant la question.

Lorsque la spore ou la séminule expulsée du sporange d'une Fougère germe, elle présente, il est vrai, extérieurement une certaine analogie avec la spore des végétaux dont nous venons de nous occuper ; la membrane externe se rompt, laisse passer une portion renflée de la membrane interne, qui apparaît pour former bientôt une cellule et donner naissance, par le procédé que je viens d'exposer, à un proembryon à forme thalloïde, vert, aplati, muni de radicelles, mais au lieu d'un bourgeon, il apparaît un nouvel organe appelé *archégone* (fig. 10). Fécondée par un mécanisme que je n'ai pas à décrire, une grosse cellule (1), située au centre de cet organe, entre en germination et donne naissance à un prolongement qui sort de l'archégone. Puis cette formation nouvelle se complique par la production de nouvelles cellules, et ainsi se forme la véritable plantule de la Fougère, qui s'accroîtra, donnera naissance à des racines, à une tige et à des frondes (fig. 10, *F*). A ce type de germination des Fougères se rattache celui des Équisétacées et des Lycopodiacées, dont le proembryon porte aussi des archégones.

L'issue de la première cellule germinatrice, dans toutes les

(1) M. Robin (*Hist. nat. des végét. paras. qui croissent sur l'homme et sur les animaux vivants*, 1853) et M. Hofmeister (*Ann. sc. nat.*, 1854, 4ᵉ sér., t. I, p. 471) ont établi l'analogie de cette cellule avec le sac embryonnaire des Phanérogames.

spores que nous avons étudiées jusqu'ici, se fait le plus souvent au travers d'une membrane externe et s'allonge en forme de boyau, qui rappelle le boyau pollinique. On a d'autant plus insisté sur cette similitude, que la plupart des spores se forment par quatre dans le sporange, mais il ne me paraît pas qu'il soit possible de tirer de cette comparaison quelque rapprochement utile pour la connaissance plus complète de ces organes reproducteurs, à moins d'adopter les vues de M. Schleiden sur la fécondation chez les Phanérogames (1).

Un dernier type nous reste à étudier chez les Cryptogames, c'est celui que nous offre un groupe de plantes qui, par les organes de végétation, se rapproche encore plus des Phanérogames que les Mousses ou les Fougères et les Lycopodes, je veux parler des Marsiléacées, de ce petit groupe appelé quelquefois *Rhizocarpés*, qui comprend les *Pilularia*, les *Salvinia*, les *Marsilea*. Fabre d'Agde et Dunal ont donné de cette dernière plante une étude complète. Le corps reproducteur sphérique est d'une simplicité de composition qui permet de l'assimiler aux spores des autres Cryptogames ; il est surmonté d'un petit mamelon celluleux. Après que la spore mûre a passé huit ou dix jours dans l'eau, il sort de ce mamelon, d'un côté, une petite pointe verte, de l'autre, une radicule. Ce rudiment de feuille et cette radicule s'allongent chacun de leur côté, puis une semaine s'écoule entre l'apparition de chacune des feuilles et des radicelles qui se développent consécutivement ; le corps reproducteur reste longtemps stationnaire, puis diminue et finit par disparaître. Quelle est la nature de ce mamelon d'où toute la plante est issue et qui correspond à un organe plus développé chez la *Salvinie*, sous forme d'une expansion verte trilobée, d'où sort la première feuille ? Ne serait-ce pas le

(1) L'utilité de ces rapprochements a trait surtout à la physiologie générale, ils nous montrent la manière identique dont se produisent la fécondation et l'embryogénie chez les Phanérogames et chez les Cryptogames, et même dans les deux règnes organiques. Voyez à ce sujet : *Mémoire sur l'existence d'un œuf ou ovule chez les mâles comme chez les femelles des végétaux et des animaux*, etc., par M. Ch. Robin, 1848 (Rev. Zool., in *Comptes rendus de l'Institut*, t. XXVII, p. 427).

dernier vestige du proembryon, dont on a supposé aussi que la spore tout entière était l'analogue? L'ignorance dans laquelle nous sommes encore sur la véritable nature morphologique du proembryon doit nous rendre très-circonspects, et me fait émettre cette hypothèse avec beaucoup de réserve. A. de Saint-Hilaire a fait remarquer les rapports du *Marsilea* avec les Aroïdées, et ce fait que, n'ayant pas d'embryon, il germe avec un cotylédon, l'embryon se formant au moment même de la germination; nous verrons bientôt des dispositions analogues chez quelques Phanérogames dont la graine est d'une organisation très-simple, retrouvant ici comme partout dans la nature, ces rapports multiples, ces nuances insensibles, témoignages d'une harmonie dont le plus souvent nous n'avons pas la clef, mais dont il nous est impossible de ne pas pressentir l'importance et la grandeur.

Les conditions complexes de la reproduction chez les végétaux inférieurs m'ont obligé à entrer à ce sujet dans quelques détails, mais les procédés de germination cellulaire auxquels ils sont soumis peuvent se résumer assez simplement dans le tableau suivant :

Germination mycéloïde.— La spore donne issue à une cellule allongée qui va former une radicule (Algues) ou un mycélium (Champignons), elle s'allonge et se confond avec le mycélium, ou bien elle s'agrandit et se segmente pour former une fronde (Algues).

Germination thalloïde. — De la spore naît une cellule non allongée, cloisonnée de bonne heure qui donne successivement naissance à d'autres, à la fois dans le sens longitudinal et dans le sens latéral, d'où la formation d'un support (*thallus*) large et étalé (*Marchantia*, proembryon des *Equisetum*, des Fougères, etc.).

Germination embryomorphe. — Celle qui aboutit à la formation d'organes complexes comme ceux dont se compose une plante cryptogame acrogène, naissant d'un proembryon nu (Mousse) ou muni d'archégone (Fougère), enfin la germination des Rhizocarpés.

§ II. — Phanérogames (1).

Les Phanérogames ne nous présentent plus les mêmes difficultés, et la plupart des problèmes qu'a pu fournir la struc-

(1) Auteurs à consulter :

1808. DUPETIT-THOUARS. Mémoire sur la germination de quelques plantes monocotylédones (*Nouv. Bull. des sciences par la Sc. philomathique*, Paris).

1811. L. CL. RICHARD. Analyse botanique des embryons endorhizes ou monocotylédonés, et particulièrement de celui des Graminées (passim). Paris, 1811.

1815. MIRBEL. Éléments de physiologie végétale, t. I, p. 78.

1821. TITTMANN. Die Keimung der Pflanzen. Dresde, in-4.

1825. A. P. DE CANDOLLE. Mémoires sur la famille des Légumineuses (2e mémoire, Paris, 1825).

1832. TROTZKY. De Plantarum phanerogamarum germinatione Dorpati. 1832, in-8°.

1841. A. DE SAINT-HILAIRE. Morphologie végétale, pp. 766-773 et passim.

1844. PLANCHON. Observations sur le genre *Aponogeton* et sur ses affinités naturelles (*Ann. sc. nat.*, 3e sér., t. I, pp. 107 et suiv., pl. IX, fig. 4, 5, 6).

1848. DUCHARTRE. Mémoire sur les embryons qui ont été décrits comme Polycotylés (*Ann. sc. nat.*, 3e sér., t. X, p. 207).

1851. FLEISCHER. Contribution à la connaissance de la germination des végétaux. — Stuttgard.

1852. A. TRÉCUL. Études anatomiques ou organogéniques sur le *Victoria regia*, et anatomie comparée du *Nelumbium*, du *Nuphar* et du *Victoria* (Mémoire présenté à l'Académie des sciences le 2 novembre 1852).

1854. CASPARY. Germination des Orobanches (*Flora*, p. 577).

1856. A. CHATIN. Mémoire sur la famille des Tropéolées (*Ann. des sc. nat.*, 4e sér., t. V, p. 283).

1856. J. H. FABRE. Note sur la germination du *Tulipa gesneriana* (*Bull. de la Soc. bot. de France*, t. III, p. 93).

1856. AD. CHATIN. Sur la graine et la germination du *Vallisneria spiralis* (*Bull. de la Soc. bot.*, t. III, p. 295).

1856. J. H. FABRE. Sur la germination du *Colchicum autumnale* (*Bull. de la Soc. bot.*, t. III, p. 333).

1856. A. LAGRÈZE-FOSSAT. De la germination du *Pancratium Illyricum* L. *Bull. de la Soc. bot.*, t. III, p. 210).

1856. ED. PRILLIEUX. De la structure anatomique et du mode de végétation du *Neottia nidus Avis* (*Ann. des sc. nat.*, 4e sér., t. V, p. 267).

1860. ED. PRILLIEUX. Observations sur la germination du *Miltonia spectabilis* et de diverses autres Orchidées (*Ann. des sc. nat.*, t. XIII, p. 288).

1861. MAXWELL T. MASTERS. Note on an unusual mode of germination in the Mango

ture des semences ont été résolus (1) ; on en a suivi la fécondation et le développement organogénique, on voit dans leurs graines un embryon figurant la plante en miniature ; cet embryon s'accroît dans tous les sens ; des organes dont le rôle est purement transitoire, fonctionnent et disparaissent en suivant la marche bien connue, que quelques mots suffiront à rappeler.

Chez les *Monocotylédonés*, une provision de matière nutritive, un albumen remplit le plus souvent une grande partie de la graine, entoure l'embryon, ou lui est accolé. Dans le premier cas, l'embryon sort tout entier par le micropyle dès que le travail de la germination commence ; il pousse une extrémité radiculaire qui s'enfonce dans le sol en perçant une enveloppe appelée *coléorhize*, tandis que la gemmule se fait jour à travers une petite fente située supérieurement et s'agrandit. Le cotylédon, emprisonné dans l'albumen, n'entretient de relations avec lui que par endosmose. Les principes dissous dans l'albumen ramolli sont transmis par lui à l'embryon qui développe les feuilles de sa gemmule et les éléments de sa tigelle. Cependant la radicule s'arrête dans sa croissance, s'atrophie et disparaît ; des radicelles secondaires naissent à sa base à la manière des racines adventives, et désormais la plante n'a plus que des racines fasciculées.

(*Mangifera indica*) in *Journal of the proceed. of the Linn. Soc.*, vol. VI, n° 21, pp. 24-26 (anal. dans *Bull. Soc. bot. Fr.* VIII, p. 544).

1861. D. Clos. Remarques sur la germination du Cocotier (*Bull. Soc. bot. Fr.*, VIII, p. 294).

Il y aurait, comme on le comprend, à citer pour ce chapitre presque toutes les monographies.

(1) Si le temps me permettait je ne dis pas d'approfondir, mais seulement d'aborder tous les détails de mon sujet, je pourrais montrer qu'encore ici certains ovules doués de la faculté de germer ont donné lieu à des interprétations très-diverses, mais je me contente de renvoyer, sur cette question, au mémoire de M. A. Braun, *Sur les graines charnues des Amaryllidées* (*Ann. sc. nat.*, 4e sér., t. XIV), et aux travaux de MM. Braun, Karsten, Radlkofer, Regel, Baillon, sur le *Cœlebogyne* et la parthénogénèse.

. Tel est, à l'existence près de la coléorhize ou d'un organe analogue à la base de la tigelle, le mode le plus répandu parmi les Monocotylédonés (fig. 11).

Ceci posé, rien n'est plus facile à comprendre que le deuxième type, celui de l'évolution germinative des Graminées ; l'embryon, placé en dehors de l'albumen qui lui est simplement accolé, en est dès le commencement au point où il se trouve à la suite de la première phase germinative chez les plantes qui appartiennent au premier type. Enfin ici ce n'est plus le cotylédon qui absorbe les produits liquéfiés de l'albumen, c'est un nouvel organe, le scutellum, dont la nature morphologique a donné lieu à beaucoup de discussions. Généralement regardé aujourd'hui comme une dépendance de l'axe, il est appliqué contre l'albumen, dont il sépare la plantule (fig. 12). M. A. Gris a récemment étudié cet organe dans toutes les périodes de la germination ; il ne lui a jamais paru changer de structure ou de contenu, aussi le considère-t-il comme une sorte de filtre sans action sur les produits qui le traversent, contrairement à l'opinion soutenue par M. Sachs, que la fécule, arrivant soluble dans l'intérieur du scutellum, s'y précipitait à l'état insoluble pour se dissoudre de nouveau et pénétrer dans les autres parties de l'embiyon. Le scutellum est du reste trnasitoire, et se flétrit avec les débris devenus inutiles de la graine.

Toutes les particularités qui peuvent se présenter ne sont que d'un intérêt secondaire, et n'ajoutent ou n'enlèvent rien d'important à la marche du phénomène : ainsi, tantôt les débris de la graine sont soulevés hors de terre; ils ont même chez quelques Cypéracées une apparence si particulière, qu'ils ont pu être pris pour des Cryptogames. D'autres fois, chez les Asperges, les Dattiers, etc., le cotylédon ne s'allonge pas et les enveloppes de la graine pourrissent sous terre. La radicule peut naître sans coléorhize, et c'est un cas assez fréquent chez les Amaryllidées, les Joncées, les Palmiers, les Hydrocharidées. L'absence de l'albumen caractérise les Fluviales de M. Brongniart et les Orchidées, mais ce n'est pas le trait le plus saillant que nous ayons à signaler chez les plantes de ces deux groupes qui réclament de nous un moment d'attention. Prenons, par exemple, dans la famille des Hydrocharidées le *Vallisneria spiralis* (1), dont M. Chatin a fait une étude complète, nous verrons qu'elle nous présente sous le tégument de sa graine un corps homogène avec une grosse extrémité tournée du côté du micropyle, une autre atténuée du côté du hile. Pendant la germination, cette ébauche d'embryon s'allonge; la grosse extrémité rompt le tégument, dont une partie se détache comme un opercule circulaire; la gemmule se développe au sommet atténué, resté dans la graine, et, en s'épanouissant, se débarrasse des enveloppes qui la coiffaient encore; à l'extrémité la plus large se montre la radicule, munie à sa base d'un petit renflement circulaire, mais sans trace de coléorhize; nous n'avons ici presque plus rien qui nous rappelle les types étudiés plus haut.

Cette simplicité de développement se retrouverait en partie chez des Liliacées à embryons plus ou moins rudimentaires, mais les Orchidées nous présentent sous ce rapport un degré d'infériorité encore plus marqué : un globule celluleux, lâchement entouré d'un testa mince et membraneux, constitue la graine; au moment de la germination, cette petite masse cellulaire s'accroît, mais seulement par la partie supérieure, et prend ainsi la forme d'une toupie. Après s'être débarrassé du testa, ce corps augmente de volume et développe de jeunes bourgeons à sa partie supérieure; les racines apparaissent plus tard à la base de ces bourgeons. En attendant, des poils radiculaires absorbants se développent sur le corps de l'embryon destiné à devenir le bulbe. M. Prilleux, à qui l'on doit les études les plus récentes sur ce sujet, déduit lui-même les analogies que ce développement des parties de l'embryon postérieur à la germination accuse avec les végétaux inférieurs; il le considère comme la suite d'un arrêt de développement de l'embryon. L'embryon en est resté au point par où passent les Monocotylédonés ou les Dicotylédonés à une certaine période

(1) Chatin, *Sur la graine et la germination du* Vallisneria spiralis (*Bull. Soc. bot. de Fr.*, 1856, t. III, pp. 295-298).

du développement de l'ovule, à un véritable sac embryonnaire encore muni de son suspenseur sous forme d'un petit ligament celluleux (1). L'*Ouvirandra*, étudié par Dupetit-Thouars et par Ad. de Jussieu, et d'autres plantes aquatiques, offrent un degré de simplicité comparable à celui du *Vallisneria*, et nous sommes ainsi ramenés à ces Rhizocarpés, type le plus élevé des Cryptogames acrogènes.

Chez les *Dicotylédonés*, chaque partie de l'embryon est plus nettement limitée, on le dirait souvent à un âge plus avancé. Lorsque le gonflement de la graine a fait rompre les enveloppes, la radicule sort la première. Si les cotylédons restent engagés dans un albumen comme chez les *Zamia*, la germination ressemble un peu à celle d'une plante monocotylédonée. S'il n'y a point d'albumen, ce qui est ici très-fréquent, des cotylédons charnus ou gorgés de fécule remplissent cet usage, et la germination se présente avec un caractère de grande simplicité : ce n'est plus qu'un épanouissement des parties que l'on voit dans la graine et qui se débarrassent de leurs enveloppes comme un bourgeon de *Magnolia* ou de *Ficus*, repoussant, au moment de s'ouvrir, la stipule conique qui l'emprisonnait. La radicule s'allonge et, au lieu de disparaître comme chez les Monocotylédonés, se développe; elle forme un pivot et donne naissance à des radicelles ; les cotylédons s'écartent et laissent passer la tigelle, qui s'allonge à son tour; mais la partie qui porte les cotylédons peut rester presque stationnaire, et ceux-ci sont retenus sous terre, ils sont hypogés; ou bien elle s'allonge et amène les cotylédons au-dessus du sol,

(1) La comparaison que l'on a fait souvent d'une graine avec l'œuf des Ovipares est peut-être plus juste avec les dernières graines dont nous venons d'étudier la germination qu'avec aucune autre, la germination déterminant la formation de l'embryon comme l'incubation confiée souvent aux agents extérieurs chez les espèces animales. Il y a entre l'état de sac embryonnaire pur et simple de la graine sortant de l'ovaire et celui où la plantule ne s'en détache qu'après la période germinative, comme chez les Mangliers, des intermédiaires qui nous montrent que l'embryon peut ou ne pas être développé, ou se trouver à des âges divers à l'époque de la maturité de la graine.

ils sont alors épigés. Cette circonstance, lorsqu'ils sont charnus, les modifie très-peu ; ils prennent une teinte jaune verdâtre ; mais le plus souvent, dans ce cas, ils deviennent foliacés. Les Pins nous présentent un exemple de cotylédons foliacés, et ils joignent à ce caractère d'en avoir plus de deux. Les difficultés, qu'au point de vue de la classification pouvait soulever leur polycotylédonie et celles d'un certain nombre de plantes, ont amené des divergences d'interprétation, que les observations de M. Duchartre ont désormais tranchées, en montrant combien, chez un grand nombre de Dicotylédonés, la tendance à la partition des cotylédons était génerale. M. Duchartre a montré par ses observations organogéniques que les cotylédons multiples des Conifères étaient toujours réunis en deux groupes, représentant chacun un cotylédon profondément séparé en un plus ou moins grand nombre de parties ; le nombre de ces parties peut varier pour la même espèce.

A la tendance à la multiplication, opposons la disposition inverse : chez le Marronnier d'Inde les cotylédons sont soudés et forment un gros corps féculent, qui reste sous terre enfermé dans ses enveloppes, et qui fournit dans cet état à la jeune plante les produits de la dissolution de ses éléments nutritifs ; cette soudure n'est du reste qu'apparente et nullement congénitale ; on la retrouve également chez la Capucine. D'autres fois l'apparence d'un seul cotylédon est réalisée par l'atrophie de l'un des deux (*Trapa natans*, *Aponogeton*), et enfin chez la Cuscute ils manquent l'un et l'autre ; le fil spirale qui constitue son embryon s'allonge en radicule d'un côté et en tigelle de l'autre ; après avoir ainsi germé sur la terre, elle entre dans la période parasitique de sa vie, elle se fixe sur une plante voisine, et son extrémité radiculaire se détruit et disparaît. D'autres parasites (Balanophorées, Rafflésiacées, etc.) nous ramèneraient à la simplicité que nous avons reconnue chez un petit nombre de Monocotylédonés ; mais leur étude se rattache plutôt à celle de la graine. On connaît encore assez mal leur germination et le développement de l'embryon, qui n'a d'autre point de départ qu'un sac embryonnaire, encore plus simple que celui que nous avons vu chez les Orchidées; seulement ici un albumen entoure ce petit corps celluleux.

Quelques observations générales compléteront cet aperçu. Les cotylédons sont dans un rapport de dimension inverse à l'albumen; il y a, quand il existe un albumen, transmission des liquides nourriciers à travers l'épiderme du cotylédon; quand ce cotylédon contient lui-même ces substances, il y a transmission directe dans le tissu de la plantule, c'est là une différence purement anatomique qui paraît sans influence sur la vitalité ou le développement des embryons. Les cotylédons représentent une paire de feuilles, mais lors même qu'ils sortent de terre pour devenir foliacés, ils diffèrent souvent des feuilles suivantes, d'abord par leur dimension moindre, puis par leur forme ovale, oblongue, réniforme, etc., à bords entiers, tandis que les autres feuilles peuvent être découpées ou lobées. On voit quelquefois, mais plus rarement, les cotylédons être lobés comme chez le Tilleul, tandis que la feuille type est entière et seulement dentée; enfin d'autres fois on a peine à distinguer les cotylédons autrement que par leur situation. Presque toujours la radicule apparaît avant la gemmule, Schacht l'a érigé en axiome pour les Dicotylédonés, toutefois les *Nelumbium* (1) échappent à cette règle (fig. 14); mais la tendance générale se retrouve même quelquefois chez les Cryptogames à radicelles distinctes (2) : ainsi chez les Algues (Thuret); souvent aussi dans le développement des *Prothallium* et chez les Marsiléacées et les Hydrocharidées. On voit quelquefois plusieurs plantules sortir d'une même graine, tout simplement parce qu'il y avait plusieurs embryons dans la graine, et cette disposition dépend de causes qui appartiennent à l'histoire de la fécondation et de l'évolution ovulaire. Les principaux types que nous avons passés en revue se représentent avec des modifications

(1) La radicule reste toujours dans un état rudimentaire.

(2) Malgré la différence fonctionnelle, car chez les Algues et beaucoup de Cryptogames les racines sont moins en rapport avec les fonctions d'absorption qu'avec la fixation pure et simple du végétal.

très-variées, qui sont du domaine de la botanique descriptive, et sur lesquelles je ne crois pas nécessaire d'insister davantage.

Schacht résume les germinations des Phanérogames dans quatre groupes qui peuvent récapituler les faits que j'ai énumérés ; voici comment il les classe, en partant des plus simples.

1° Germination des graines qui n'ont subi qu'un développement incomplet :

a. Graines munies d'albumen (*Monotropa*, *Orobanche*, *Rafflezia*, *Hydnora*, *Balanophora*, *Langsdorfia*, et probablement aussi *Cytinus*).

b. Graines dépourvues d'albumen (*Orchidées*).

2° Germination de l'embryon monocotylédoné :

a. Graines avec endosperme (*Graminées*, *Palmiers*).

b. Graines avec périsperme (*Canna*, *Strelitzia*).

3° Germination de l'embryon dicotylédoné, les cotylédons restant enfermés dans la graine,

a. Graines avec albumen (*Nymphéacées*, *Cycadées*).

b. Graines sans albumen (*Quercus*, *Castanea*, *Juglans*, *Æsculus*, *Laurinées*).

4° Germination de l'embryon dicotylédoné, cotylédons sortant de terre.

a. Graine avec albumen (*Polygonées conifères*).

b. Graine sans albumen (*Fagus*, *Betula*, *Alnus*, *Opuntia*).

En passant en revue les différents modes de germination dont je viens d'esquisser quelques types et qui varient à l'infini dans leurs détails secondaires, suivant des influences de milieu, des inégalités de développement et les modifications que ces causes ont produites dans l'embryon, on se demande si l'on pourrait déduire de ces différences d'évolution quelques caractères d'une valeur et d'une utilité réelle pour la classification.

La connaissance de la nature des organes, de leurs rapports ou connexions est l'objet des recherches qui doivent fournir à la classification naturelle ses principaux caractères. Lorsqu'on étudie les parties de la plante à leur état naissant, ce n'est que pour mieux les connaître à leur état de développement complet, et les phases transitoires par lesquelles elles passent ne nous offrent le plus souvent ni rapprochements utiles, ni limitation bien nette. Les modes d'évolution des feuilles les plus différents se retrouvent dans des genres voisins, tandis que les végétaux les plus éloignés les uns des autres peuvent présenter le même mode. L'analogie nous conduit donc à penser qu'il serait difficile de considérer les phénomènes *exclusivement propres à la germination* comme ayant une grande valeur. A cet égard, l'observation me paraît confirmer cette vue. Prenons successivement les organes embryonnaires, nous verrons la radicule percer une coléorhize chez les Monocotylédonés, mais ce caractère, considéré d'abord comme propre aux Monocotylédonés, n'a pas été reconnu chez un grand nombre de familles, tandis qu'il se retrouve dans des familles de Dicotylédonés. D'après A. de Saint-Hilaire, M. Payer et M. Chatin, la radicule est coléorhizée chez les Tropéolées, et, d'après ce dernier observateur, chez les Balsaminées; mais le caractère qui est le plus inhérent à la germination elle-même, c'est l'allongement plus ou moins grand de la tigelle qui maintient les cotylédons souterrains si elle s'allonge peu, et qui, dans l'autre, les élève au-dessus de terre. Or, non-seulement dans les genres les plus voisins, on voit ces deux types se rencontrer, mais aussi dans la même espèce. Je citerai, par exemple, le *Quercus Ilex*, dont les cotylédons renfermés dans la graine sont tantôt épigés et tantôt hypogés, et je n'ai qu'à renvoyer aux deux variétés d'une même espèce de Haricot, représentées sur ma planche (fig. 15 et 16).

Mais, ainsi qu'on peut le constater journellement dans les applications de la méthode naturelle, un caractère de valeur très-secondaire peut acquérir par sa persistance et sa coïncidence avec l'ensemble d'un certain nombre d'autres, une valeur bien supérieure à ce qu'il a d'habitude, et je ne doute pas que, dans bien des cas, on ne trouvât pour les divisions inférieures de la classification quelques secours dans le mode d'évolution germinative. M. Brongniart en a cité l'exemple intéressant que je rapporte : « La différence de la germination des *Araucaria*, donnée par David Don, est très-remarquable. Les espèces d'Australie où les *Eutassa* ont quatre cotylédons épigés, portés au sommet d'une longue tigelle, et ces cotylédons verts et foliacés, présentent des nervures fines et nombreuses comme les folioles des *Zamia*. Les *Araucaria*, proprement dits, ou de l'Amérique australe n'ont que deux cotylédons hypogés, linéaires et semi-cylindriques, qui ne sortent pas de la graine où ils sont enveloppés par un périsperme épais (1). »

La nature foliacée ou charnue des cotylédons a permis à De Candolle de diviser les Légumineuses en Phyllolobées et en Sarcolobées, mais il ne s'est servi de ce caractère, en établissant des divisions secondaires fondées sur la forme des premières feuilles, que comme un moyen de reconnaître ces plantes de bonne heure, sans ajouter à cet essai la valeur scientifique d'une classification naturelle. On se demandera peut-être alors pourquoi ceux mêmes qui ont eu le plus à cœur les progrès de la méthode naturelle, se sont attachés à cette étude et l'ont recommandée ? Ici la réponse est facile. Rien, en effet, ne rend plus de services que l'observation de la graine en germination pour bien saisir les rapports de toutes ses parties, et la liste serait longue des erreurs que cette observation a redressées. Chez les Monocotylédonés, les parties de l'embryon sont peu distinctes, soit que leur développement s'arrête à un âge moins avancé, soit que le mode d'insertion circulaire du cotylédon qui coiffe la gemmule donne plus d'homogénéité à l'ensemble. Chez les Dycotylédonés, l'atrophie d'un cotylédon, les dispositions spéciales de tout genre qui masquent la nature de l'embryon, sont souvent dévoilées ou éclaircies pendant la germination. L'observation des graines en germination peut donc rendre de grands services et devenir, dans certains cas, d'une importance majeure dans la connaissance des rapports véritables et des affinités dont la méthode naturelle se préoccupe.

(1) *Ann. des sc. nat.*, 1839, 2e série, t. XII, p. 228.

CHAPITRE III.

DES CONDITIONS PROPRES A LA GRAINE ET DES CHANGEMENTS QU'ELLE SUBIT DANS SA VIE ET SON ORGANISATION.

§ I. — Phénomènes physiologiques de maturité, de vitalité, etc. (1).

Nous avons suivi l'évolution et les changements extérieurs des spores des graines en germination. Pénétrer plus avant dans leur vie intime, étudier le rôle de chaque organe embryonnaire essentiel ou accessoire, sous le triple point de vue de son anatomie, de sa physiologie et des réactions chimiques dont il est le siége, tel est le programme qu'il me reste à remplir. Je ne puis me dissimuler que cette étude si intéressante et si importante est en même temps la plus délicate et la plus épineuse de

(1) Auteurs à consulter :

1679. Grew. Anatomie des plantes. Traduit de l'anglais. Paris, 1679. Chap. Ier, De la graine et du commencement de sa végétation.

1781. Scheele. Traité chimique de l'air et du feu.

1799. Théod. de Saussure. Recherches sur l'influence du gaz oxygène sur la germination des graines (*Journal de physique*, t. XLIX, p. 92).

1801. Huber et Senebier. Mémoires sur l'influence de l'air dans la germination de différentes graines.

1804. Théod. de Saussure. Recherches chimiques sur la végétation.

1808 Gérardin. Mémoire sur la propriété qu'ont certaines espèces de graines de conserver longtemps leurs facultés germinatives.

1811. Jaume Saint-Hilaire. Mémoire sur la durée de la faculté germinative des graines.

1826. Théod. de Saussure. De l'influence du desséchement sur la germination de mon sujet, qui touche à tous les grands problèmes de l'histoire du règne végétal, les prépare et les fait pressentir.

On peut assister au début de la période germinative de la vie des plantes, mais il serait difficile de préciser le moment où elle finit. Le développement complet d'une première feuille est une indication qui ne nous apprend que peu de chose à cet égard; il y a, en effet, une grande différence, suivant que les cotylédons eux-mêmes ont rempli l'office de feuilles vertes et ramené la plante de très-bonne heure à l'état physiologique dans lequel elle persistera toute sa vie, ou suivant qu'ils sont restés sous terre, et qu'ils ont exclusivement rempli le rôle d'un albumen. La connaissance des limites de cet acte physiologique ressortira mieux, nous l'espérons du moins, des faits exposés dans

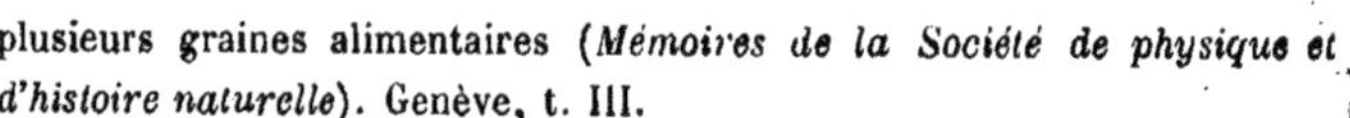

plusieurs graines alimentaires (*Mémoires de la Société de physique et d'histoire naturelle*). Genève, t. III.

1833. PAYEN et PERSOZ. Mémoire sur la diastase. Les principaux produits de ses réactions et leurs applications aux arts industriels (*Ann. de chim. et de phys.*, t. LIII, p. 79).

1838. BOUSSINGAULT. Recherches chimiques sur la végétation, entreprises dans le but d'examiner si les plantes prennent de l'azote à l'atmosphère (*Ann. de chim. et de phys.*, t. LXVII, p. 5).

1843. PAYER. Sur la tendance des racines à fuir la lumière (*Compte rendus de l'Acad. des sciences*, t. XVIII, p. 1169).

1844. SCHACHT. Lehrbuch der Anatomie und Physiologie der Gewächse. Berlin, 1856, p. 443 et suiv.

1845. BOUCHARDAT. Sur la fermentation saccharine et glucosique (*Ann. de chim. et de phys.*, t. XIV, p. 61).

1845. DURAND. Mémoire sur un fait singulier de la physiologie des racines.

1845. PAYER. Sur la tendance des racines à s'enfoncer dans la terre et sur leur force de pénétration (*Comptes rendus de l'Institut*, t. XX, p. 1257).

1846. ALPH. DE CANDOLLE. Observations sur la vitalité des graines dans différentes familles (*Ann. sc. nat.*, 3e série, t. VI, p. 373).

1847. J. COHN. Symbola ad seminis physiologiam. Dissert. inaug. phytophys. Berlin.

1847. GŒPPERT. Ueber das Keimung unreifer Saamen (*Bot. Zeit.*, ann. 1847, p. 386). Germination des graines non mûres.

1851. BOUSSINGAULT. Économie rurale, 2e édit., t. I, p. 5 et suiv.

1853. DUCHARTRE. Expériences sur la germination des Céréales (extrait du *Journ. d'agric. prat.*, 3e série, t. VI, p. 177).

1854. BOUSSINGAULT. Recherches sur la végétation, entreprises dans le but d'exace chapitre, que d'une distinction qu'il serait difficile de rendre rigoureuse et applicable.

Le moment, ai-je dit, où débute la germination, est accessible à nos yeux, mais chez quelques végétaux l'embryon est confié à l'action des agents extérieurs lorsqu'il est à peine ébauché, la graine se trouvant mûre avant son complet développement; chez d'autres ce développement est arrivé au point qu'à la maturité de la graine il ne diffère que par ses dimensions de la plante type. Y aurait-il chez les premiers une exception aux lois générales, ou le résultat d'une loi plus générale encore; en d'autres termes, l'embryon ne serait-il pas susceptible de germer chez tous les végétaux à un moment très-peu avancé de son évolution, et serait-il nécessaire d'attendre toujours la maturité des graines pour en obtenir la germination? Au point de vue auquel nous venons de nous placer, cette question intéresse au plus haut degré la physiologie générale, en nous montrant les rapports qui unissent les végétaux supérieurs

miner si les plantes fixent, dans leur organisme, l'azote qui est à l'état gazeux dans l'atmosphère (*Ann. de chim. et de phys.*, t. XLI, p. 5).

1855. Boussingault. Recherches sur la végétation entreprise dans le but d'examiner si les plantes fixent, dans leur organisme, l'azote qui est à l'état gazeux dans l'atmosphère (*Ann. de chim. et de phys.*, t. XLIII, p. 149).

1856. Th. Hartig. Mémoire sur l'aleurone (*Ann. sc. nat.*, 4e série, t. VI, p. 326).

1856. Duchartre. Influence de l'humidité sur la direction des racines (*Bull. Soc. bot. de Fr.*, t. III).

1856. Ch. Martins. Sur la germination des graines de plusieurs gousses de *Cassia fistula* échouées sur la côte du Languedoc (*Arch. des sc. phys. et nat.*, t. XXX, p. 140 et suiv.).

1857. Ch. Martins. Persistance de la vitalité des graines flottant à la surface de la mer (*Bull. Soc. bot. de Fr.*, t. IV, p. 324).

1858. Dr. Karl List (Fortsetzung von L. Gmelin's) Handbuch der Chemie (48, 49 Lieferung, p. 147). Heidelberg.

1860. A. Gris. Du développement de la fécule, et en particulier de sa résorption dans l'albumen des graines en germination (*Ann. sc. nat.*, t. XIII, p. 106).

1860. E. Wartmann. Note relative à l'influence de froids excessifs sur les graines (*Bibl. univ. de Genève : Arch. des sc. phys. et nat.*, nouv. période, t. VIII, p. 277 et suiv.).

à ceux dont la graine est normalement imparfaite à la maturité, et nous fournit ainsi une donnée de plus dans le problème si controversé du rôle qu'il faut attribuer à la spore fécondée (1). Dans un autre domaine, les conséquences pratiques directes qui en découlent sur l'importance de la maturité des graines alimentaires pour fixer l'époque de leur semaille ou de leur récolte, ne peuvent échapper à personne. Duhamel avait expérimenté qu'une graine pouvait germer sans être mûre, et même plus facilement qu'à la maturité. Senebier, Lefébure, Keith, se prononcèrent pour la négative. De Candolle (2), en confirmant les expériences de Duhamel, crut même possible d'en voir l'explication dans la moindre quantité de carbone contenue dans la graine non mûre, plus voisine ainsi de l'état dans lequel on la retrouve pendant la germination lorsqu'elle a exhalé de l'acide carbonique. Tréviranus, Gœppert ont repris ce sujet, et Cohn a expérimenté sur un grand nombre de plantes appartenant à des familles différentes : Onagrariées, Crucifères, Légumineuses, Amaranthacées, Convolvulacées, Solanées, Labiées, Cucurbitacées, etc. « Les semences, dit-il, dans une de ses conclusions prises vers la période moyenne de leur maturation, paraissent germer très-vite, tandis qu'avant ou après elles poussent plus lentement. » M. Duchartre (3) a précisé davantage la question par des observations très-suivies sur la germination des céréales; il a reconnu que des graines pouvaient germer de vingt à vingt cinq jours avant leur maturité, lorsque l'embryon est encore très-imparfait, et que l'albumen est à l'état de lait. Quant au temps qu'elles mettent à parcourir les phases germinatives, il est d'autant plus long que les graines sont plus éloignées du moment de leur maturité. Les plantes qui proviennent de ces semis sont aussi vigoureuses que possible. Ces conclusions concordent avec deux des principes posés en résumé par Cohn et

(1) J'ai eu occasion de développer dans un précédent travail quelques-unes des raisons qui me paraissent militer en faveur de son analogie avec l'embryon des végétaux supérieurs.

(2) *Physiol. végét.*, t. II, p. 661.

(3) *Journal d'agriculture pratique*, mars 1853.

exprimés ainsi : « La faculté de germer ne coïncide pas d'habitude avec la maturité, elle la précède. En général, les petites plantes issues des graines non mûres ne sont pas plus débiles ni moins vigoureuses que celles nées de graines mûres. » Bien que le moment où la spore des Cryptogames est semée, semble correspondre à la période la moins avancée du développement embryonnaire des végétaux supérieurs, il y a aussi pour elle une époque de maturité qui peut se reconnaître quelquefois à la coloration des enveloppes ; ainsi je rapprocherai des expériences faites sur les graines non mûres des Phanérogames l'observation que M. Tulasne (1) a faite de spores de *Bulgaria inquinans* germant encore transparentes, et avant d'avoir acquis la coloration qui leur donne plus tard l'aspect de noir de fumée répandu sur les cupules mères et sur les vieux troncs d'arbre qu'habite ce Champignon.

Cette faculté germinative qui se manifeste de si bonne heure peut se détruire spontanément ou persister fort longtemps et résister à l'action d'agents extérieurs variés. La connaissance de la durée de la vitalité des graines, si utile au point de vue pratique, n'a ici d'autre intérêt que celui d'une simple constatation, jusqu'à ce que les réactions chimiques intérieures, et la formation de composés nouveaux auxquels est due l'abolition de cette vitalité, nous soient complétement connus.

L'étude (chap. I) des influences extérieures sur la germination nous a appris les limites des températures extrêmes supportées par une graine, sans qu'elle perde sa vitalité ; je ne citerai ici que pour mémoire, les expériences de Wartmann qui a pu soumettre certaines graines (*Linaria*, *Clarkia*, *Lepidium*, *Triticum*, *Hordeum*, etc.), sans les tuer, à une température de — 110 degrés, en ayant soin de ménager les transitions. Chez les graines livrées à elle-même, la stabilité des facultés germinatives varie beaucoup depuis les semences de Thé, de Café, des Laurinées qui les perdent en très-peu de temps, jusqu'aux graines féculentes qui, dans des conditions favo-

(1) *Ann. sc. nat.*, 3e série, t. XX.

rables, ont pu germer après cent ou cent cinquante ans (1). Les faits avancés ont besoin cependant d'être contrôlés avec prudence, et l'on sait aujourd'hui que la conservation des blés dits de *momie* n'est rien moins qu'authentique. Des exemples intéressants de cette longévité nous sont souvent offerts dans les bouleversements de terrains très-anciens, à la surface desquels apparaissent des espèces étrangères à la localité; M. Durieu de Maisonneuve, d'après des observations de ce genre faites sur des Mousses, s'est même demandé si l'on ne pourrait pas faire revivre des végétaux (en particulier des Cryptogames) datant non plus des temps historiques, mais des époques géologiques. Il est difficile de rapporter d'une manière précise à la composition chimique des graines, la durée de leur faculté germinative.

On n'a que de simples soupçons sur l'influence que le peu de fixité des substances oléagineuses contenues dans l'embryon ou le périsperme, exerce sur l'abolition rapide de la faculté germinative.

M. Martins a fait des expériences sur le temps que la vitalité des graines peut se conserver dans l'eau de mer, desquelles il résulte qu'au bout de trois mois de flottaison dans ce liquide, des graines de *Cucurbita*, *Acacia*, *Beta*, *Rumex*, *Ricinus*, ont encore pu germer. On conçoit quelle variété d'expériences on pourrait instituer sur ce sujet; mais combien l'interprétation peut en être rendue difficile par les conditions si variées d'absorption, d'endosmose, de composition chimique, que les enveloppes ou les

(1) Je reproduis ici un tableau dressé par M. Boussingault, qui donne une idée de quelques germinations après un long intervalle.

Des graines	de Froment	ont pu germer après	10 ans (Duhamel).
—	de Tabac	—	10 ans
—	de Concombre	—	17 ans (Royer-Galen).
—	de Rave	—	17 ans (Lefébure).
—	de Stramoine	—	25 ans (Duhamel).
—	de Haricot	—	33 ans
—	de Melons	—	41 ans (Friewald).
—	de Sensitive	—	60 ans
—	de Haricot	—	100 ans (Gérardin).
—	de Froment	—	100 ans (Pline).
—	de Seigle	—	140 ans (Home).

parenchymes des graines présentent. Ces mêmes causes influent sur le temps qu'une graine met à entrer en germination; mais ici l'analyse du phénomène est peut-être encore plus délicate. Des graines de même espèce, placées dans des conditions identiques, peuvent manifester une sorte d'idiosyncrasie (Cohn), bien connue des horticulteurs qui les voient se répéter souvent et dans des conditions très-diverses; aussi leurs observations, souvent répétées, atteignent à une valeur scientifique. Il en est qui ont pu être contrôlées de manière à avoir tous les caractères de la certitude; c'est ainsi que M. Vilmorin a vérifié le fait avancé par Rozier, que de deux graines juxtaposées dans la même enveloppe (*Avena fatua* L.), l'une germait une année, l'autre ne germait que très-longtemps, quelquefois une année après; des faits analogues ont été observés par lui sur le *Vicia narbonensis;* enfin M. Decaisne a rapporté qu'au Jardin des plantes de Paris, les graines d'un même *Gledistchia*, placées dans les mêmes conditions, germaient les unes la première année, les autres successivement, jusqu'à la cinquième. — Quant aux différences que présentent à cet égard des graines de diverses espèces, on peut en prendre une idée en consultant les tableaux que M. Alphonse de Candolle en a dressés et que A. P. de Candolle a insérés dans sa *Physiologie végétale;* elles varient de un jour jusqu'à plusieurs années. A des températures de 45 à 49 degrés, on a des différences analogues et variant de cinq à cent jours (Ramon de la Sagra). Mais les faits observés sont indiqués tels qu'ils se passent dans la nature, et sans faire abstraction des péricarpes, des téguments et de la texture si différente de ces enveloppes, ils nous apprennent donc peu de chose sur ce qui concerne la vitalité de la graine elle-même, considérée dans des circonstances identiques.

§ II. — Rôle des parties de la graine et développement des éléments anatomiques.

Le rôle protecteur des enveloppes se rapporte à la conservation du germe, et joue plutôt, on peut le dire, un rôle négatif dans l'acte proprement dit de la germination ; on comprend cependant que l'accès de l'eau et l'issue par exosmose de principes solubles contenus dans la graine aient besoin d'être modérés ; telle est, il me semble, l'utilité la plus directe qu'on puisse leur attribuer. De Candolle a constaté, après Bœhmer et Poncelet, qu'en enduisant de cire le hile d'un grain de blé, on l'empêche de germer. Seulement, on doit remarquer qu'ici l'enveloppe est formée de l'ovaire soudé aux téguments, ce qui peut en augmenter l'imperméabilité ; sur des Légumineuses c'est l'inverse qui a lieu, et si l'on enduit les téguments, la graine ne germe pas, tandis qu'en enduisant le hile tout se passe comme si l'on n'avait rien changé aux conditions normales de la graine.

L'enveloppe simple ou multiple de la spore est chez certains Cryptogames le siége d'une absorption plus active que les parties jeunes ; j'ai eu occasion de constater ce fait chez les *Morchella ;* ici nous ne sommes plus en présence d'un organe accessoire, mais du corps même de la cellule, que l'on peut supposer être l'embryon, et qui, dans tous les cas, en joue le rôle ; cette enveloppe est le siége des mouvements d'endosmose et de l'élaboration des liquides nourriciers, jusqu'à ce que, par le progrès de l'accroissement, les cellules hyalines qui en proviennent se soient cloisonnées et organisées d'une manière complète. — Chez les Algues, on voit se spécialiser dès l abord le filament celluleux qui constituera la radicule, et dès sa naissance il montre une tendance caractéristique à fuir la lumière : c'est le propre en effet des radicules, dès qu'elles apparaissent, de s'enfoncer dans le sol, obéissant à des sollicitations diverses, à l'attraction vers le centre de la terre, ainsi que l'a montré l'ingénieuse expérience de Knigth ; à un besoin d'humidité dont les observations de M. Duchartre ont montré l'importance ; enfin à cette impulsion vers l'obscurité qui n'est peut-être que la suite de la direction opposée suivie par la tige vers la lumière. Au milieu de plusieurs observations de graines germant dans le fruit, Schacht a cité celle d'un *Araucaria*, dont la radicule, en sortant de la graine, avait pénétré dans l'intérieur du rachis fructifère, y trouvant à la fois humidité propre au parenchyme et absence de lumière. — Les physiologistes ont encore aujourd'hui de la peine à analyser les éléments multiples qui entrent dans ce phénomène si complexe, mais il n'en est pas moins constant et se révèle dès le premier moment où commence la vie individuelle du végétal. — Quelques expériences ont été tentées pour mesurer la force avec laquelle la radicule peut vaincre les obstacles qui s'opposent à lui laisser prendre sa direction normale : placée sur du mercure, une graine en germination a pu enfoncer sa radicule dans le métal, mais seulement, ainsi que l'a montré M. Durand, à condition qu'elle eût un point d'appui dans la couche demi-solide formée à la surface du mercure par les matières organiques issues de la graine.

La tigelle s'élève et tend dès l'origine vers la lumière ; sa structure est simple ; on y distingue cependant une zone génératrice qui consiste en cellules minces, allongées, riches en matières azotées. Des cellules s'en séparent, en se dirigeant vers les cotylédons, et représentent l'ébauche du système vasculaire; celui-ci se forme pendant la germination; il apparaît sous les cotylédons dans lesquels il se continue, tandis que, vers le bas, il forme un cône en pénétrant dans la radicule. Chez les Monocotylédonés il n'y pénètre pas et s'arrête au collet, ce qui est tout à fait en rapport avec l'arrêt de développement que doit subir la radicule. Chez quelques plantes, Chêne, Gui, Marronnier, Zamia, etc., on verrait même avant la germination quelques vaisseaux spiraux (Schacht).—Les vaisseaux laticifères se montrent chez l'*Euphorbia canariensis* aussitôt que ses deux cotylédons, en forme de flèche, sont hors de terre et accusent leur présence par un latex renfermant des graines de fécule d'une autre forme que celle des autres parties de l'embryon ou de la plante adulte.

La radicule, la tigelle, la gemmule, à part leur développement morphologique, nous ont offert à étudier l'évolution encore peu connue de leurs organes élémentaires ; les cotylédons et l'albumen jouent dans la germination un rôle physiologique d'une grande importance qu'il me reste à étudier. A aucun moment de la germination l'albumen ne présente d'organisation vasculaire, c'est toujours un corps celluleux, tantôt d'une consistance dure et cornée, tantôt charnu, tantôt huileux, tantôt féculent; mais, quelle que soit l'épaisseur des parois de ses cellules et leur consistance, il est toujours ramolli, liquéfié et absorbé. — Les substances protéiques ou pectiques, déjà contenues dans l'albumen ou formées pendant la période germinative, passent dans le tissu de l'embryon par endosmose, à travers les cellules épidermiques des surfaces des cotylédons qui lui sont contigués, ou d'un organe spécial (scutellum) que nous avons vu exister chez les Graminées.

Quand l'albumen manque, il est suppléé par les cotylédons, dans le tissu desquels s'accumulent des matériaux de même nature, carbonés ou azotés. L'axe lui-même, dans quelques cas, peut remplir cette fonction et se gorger de ces substances qui doivent l'alimenter, surtout lorsqu'il devra constituer plus tard un corps tuberculeux. L'usage des cotylédons est facile à apprécier; on les voit presque toujours en rapport inverse de dimension avec l'albumen, mais leur structure intime a été peu étudiée; elle varie suivant la situation qu'ils doivent garder et aux différentes époques de la germination. Sont-ils entourés par un albumen ou en contact avec lui par une de leurs surfaces, ils présentent un épiderme entièrement dépourvu de stomates et une structure assez simple en rapport avec leur rôle éphémère. Ils peuvent cependant grossir et se développer quelque temps. Doivent-ils, au contraire, restant dans les enveloppes de la graine, fournir à l'embryon sa nourriture; les cellules de leur parenchyme ne s'épaississent ni ne s'accroissent; les faisceaux vasculaires, dont ils contenaient les rudiments à l'état de cellules, se développent seuls, et mettent ainsi la plantule en état de recevoir directement les substances nutritives. Les cellules se vident peu à peu, et lorsque les cotylédons n'ont plus rien à fournir, ils se sèchent ou pourrissent. Le moment où ils disparaissent varie, mais on peut attribuer leur persistance jusqu'à deux ans, chez les Chênes et les Lauriers par exemple, à la conservation d'un certain degré de vitalité propre, plutôt qu'à la continuation de leur fonction primitive.

Les cotylédons, nous l'avons vu, ne restent pas toujours enfermés dans les enveloppes de la graine ; ils peuvent arriver au-dessus de terre, verdir et se développer en véritable feuille ; leur persistance, dans ce cas, n'a rien qui doive étonner : ce n'est plus qu'une paire de feuilles de plus, concourant à la respiration et à la végétation de la plante. Ils offrent alors des stomates sur les deux faces, et quelques-uns d'entre eux en sont même très-chargés (*Opuntia ficus indica, Beta vulgaris*) ; déjà dans la graine, ils peuvent être verts et d'apparence foliacée.

Lorsqu'ils doivent arriver à la lumière, après avoir absorbé un albumen peu développé, leur structure est en rapport avec ce double rôle ; on voit les stomates se développer à la face supérieure, et leur face supérieure, qui a été en contact avec l'albumen et a dû l'absorber, n'en présente pas, ou à peine quelques vestiges. Il est intéressant de voir ainsi, sur la même plante, la surface supérieure des feuilles cotylédonaires qui doit remplir les fonctions respiratoires dès son arrivée au-dessus de terre, se couvrir de stomates, tandis que c'est l'opposé qui a lieu chez les vraies feuilles.

Le rôle physiologique des organes nourriciers, dont je viens de donner une idée, a été compris de bonne heure, surtout chez les végétaux qui les présentent dans des dimensions suffisantes. Mais on voit tous les jours des végétaux chez lesquels la période de végétation définitive arrive très-promptement : ils sont sevrés presque en naissant; il était donc tout simple de rechercher dans quelle proportion ces organes nourriciers étaient nécessaires au développement de la plantule ; et pour cela on a enlevé l'albumen ou les cotylédons, suivant les espèces, en mettant le petit embryon dans des conditions où il pût germer. Depuis Duhamel, Bonnet, Vastel, ce genre d'expérience a été renouvelé et varié de bien des manières. Quelques auteurs ont nié que cette opération fût supportée facilement ; mais de toutes les assertions variées qui se sont produites, on peut conclure que l'embryon ainsi dépouillé peut se fournir à lui-même les premiers matériaux indispensables ; il en trouve ensuite assez dans le sol et l'atmosphère, mais il faut l'entourer de soins, que livré à lui-même, il ne pourrait rencontrer dans la nature. Si la surabondance des matériaux nutritifs qui entourent et protégent l'embryon n'est pas absolument indispensable à son accroissement, le travail germinatif est du moins plus lent, et la plante éprouve quelque difficulté à arriver à la période où elle pourra emprunter à la terre ou à l'atmosphère les matériaux de sa nutrition. Un intérêt spécial s'ajoute à ces expériences, lorsqu'on peut suivre au microscope, ainsi que l'a fait M. A. Gris, la formation des éléments nutritifs dans le tissu même de l'embryon privé de son albumen, et s'expliquer par là comment, sans le secours de ses provisions habituelles, il trouve encore en lui-même les matériaux hydrocarbonés dont il a besoin.

§ III. — Phénomènes chimiques.

C'est au moyen de réactions chimiques et d'échanges variés que s'accomplit le développement organique dont nous venons d'étudier les conditions extérieures et les différentes phases; l'étude de ces phénomènes complexes date de la renaissance de la chimie. En 1781, Scheele étudiant la nature de l'air et du feu, voulut se rendre compte des effets de la végétation sur cet air. « Je mis, dit-il, quelques pois dans un petit matras tenant 24 onces d'eau, je les couvris à moitié d'eau et je fermai le matras; les pois poussèrent des racines et germèrent; dans quinze jours je m'aperçus qu'ils ne profitaient plus, je tins le matras sous l'eau et l'ouvris : l'air n'était ni augmenté ni diminué, mais le lait de chaux en absorba le quart et le résidu éteignit la flamme (1). » La conclusion, si elle ne l'était pas encore pour Scheele, est pour nous facile à tirer. J'ai montré précédemment (page 13) en quels termes clairs et précis Huber et Senebier (1801) avaient exprimé ce fait que l'échange gazeux entre les plantes et l'atmosphère avait lieu en sens inverse, pendant la germination, de ce qu'il était pendant le cours de la végétation ultérieure.

(1) Scheele, *Traité chimique de l'air et du feu*, 1781, p. 209.

Mais c'est surtout dans le mémoire de Th. de Saussure, sur les altérations de l'air par la germination et la fermentation (1834), que les données de cet important phénomène sont précisées et bien établies. Après avoir étudié les différences que présentent les graines dont les unes exhalent moins, les autres autant, d'autres plus d'acide carbonique qu'elles n'absorbent d'oxygène, après avoir étudié l'influence de l'état plus ou moins avancé de la germination sur le dégagement de cet acide carbonique, il conclut, en disant que toutes les graines fixent ou absorbent du gaz oxygène par leur germination, soit dans l'oxygène pur, soit dans l'air; quant au rôle de l'azote, il lui parut d'abord assez incertain, puis il se prononça pour l'absorption de ce gaz en nature, au moins pendant la germination (1). La quantité d'azote que contient la graine en présence du phosphate de chaux, dont **M. Boussingault** a montré la nécessité dans le sol pour que les plantes puissent fixer l'azote, fait de la graine un milieu qui peut suffire aux premières transformations de sa vie; c'est ce qu'a très-bien établi une expérience ingénieuse de M. Boussingault : choisissant des graines d'un poids extrêmement minime ($\frac{1}{17}$ de milligramme), il les sema à l'air libre, dans un milieu privé d'azote, en les arrosant avec de

(1) Th. de Saussure a dit, en 1804, après avoir répété les expériences de Priestley et d'Ingenhouz : « Les plantes ne condensent point sensiblement le gaz azote; les expériences de MM. Senebier et Woodhouse confirment cette assertion. » (*Recherches chimiques sur la végétation.*) En 1834, il s'exprimait ainsi (*Ann. sc. nat.*, 2e série, t. II, p. 270) : « Toutes les expériences que j'ai faites sur des graines germantes dans l'air atmosphérique montrent qu'elles diminuent son azote en plus ou moins grande quantité. Cette diminution, quelquefois très-notable, est d'autres fois si petite, qu'elle paraît se confondre avec les erreurs d'observation, mais la constance des résultats ne laisse aucun doute sur la réalité de cette absorption. » Il le répète aussi dans ses conclusions, mais en admettant toujours que les plantes vertes et feuillées n'en absorbent pas. Th. de Saussure pensait donc qu'à la germination, les plantes absorbaient de l'azote emprunté directement à l'atmosphère, mais que dans le reste de leur végétation, elles n'en absorbaient plus. J'ai pensé qu'il était utile de rapprocher ces deux conclusions, parce que je les ai vu quelquefois citer isolément, servant ainsi tantôt l'une, tantôt l'autre des deux théories en présence.

l'eau qui n'en contenait aucune trace. Ces graines appartenant aux genres *Mimulus*, *Campanula*, *Linaria*, *Calandrina*, etc., levérent, mais ne firent que développer leurs cotylédons et restèrent plus ou moins longtemps à *cet état naissant qui n'était après tout*, comme le dit M. Boussingault, *que la semence elle-même sous une autre forme*. Cette expérience est une des nombreuses démonstrations qu'a données l'auteur de cefait, que les plantes n'emprunte pas directement de l'azote à l'atmosphère ; mais je ne crois pas utile d'entrer dans la discussion de ce problème de chimie physiologique ; la quantité d'azote que l'analyse nous montre dans les graines, nous permet, pour l'intelligence des phénomènes de la germination seule, de ne pas tenir compte de la possibilite d'une absorption dans tous les cas très-restreinte, s'il faut en croire de Saussure, et si peu nécessaire que des graines germent très-bien dans une atmosphère entiérement privée d'azote , un mélange d'hydrogène et d'oxygène par exemple.

Les nombreuses expériences de M. Boussingault permettent de distinguer deux périodes pendant lesquelles les échanges gazeux entre les graines et l'atmosphère varient beaucoup, suivant les espèces. Dans la première, la graine perd plus d'oxygène que de carbone, et c'est aussi ce que Th. de Saussure avait reconnu. La deuxième période, dont le début ne peut être précisé par aucun changement morphologique, se termine au moment où les parties vertes se manifestent ; pour y arriver, les graines germées perdent beaucoup plus d'acide carbonique que d'oxygène et un peu d'hydrogène. Le résultat des analyses de M. Boussingault sur le Trèfle et le Froment montre qu'ils ne perdent ni ne gagnent de l'azote pendant leur germination ; qu'ils perdent du carbone, de l'hydrogène et de l'oxygène en proportions variables, suivant l'espèce, et dans des rapports variables aux différentes époques de la germination. — MM. Oudemans et Rauwenhoff, admettant aussi que la quantité d'acide carbonique exhalé varie selon les graines, ont cru pouvoir conclure que, toutes circonstances égales d'ailleurs, les graines qui, à poids égal développent la plus grande quantité de ce gaz, paraissent être celles qui, en germant, élèvent leurs cotylédons au-dessus du sol; ils s'écartent un peu, sous le rapport de la quantité d'oxygène et d'hydrogène exhalée, des conclusions de Boussingault; mais ce qui ressort comme résultat final de toutes les analyses, de tous les faits connus, ce qui est décidément incontestable, c'est qu'il y a pendant la germination absorption d'oxygène et dégagement d'acide carbonique.

La combustion du carbone accusée par cette exhalation d'acide carbonique (1) et directement sensible par l'élévation de la température, se fait aux dépens des matériaux accumulés dans l'albumen ou dans les cotylédons : substances hydrocarbonées, fécules, huile, etc. La perte de poids, qui en est la conséquence naturelle, a été signalée souvent : la différence est assez sensible pour que la graine germée ait perdu 14 ou 16 pour 100 et même plus. Il est à peine nécessaire de faire observer que dans toutes ces pesées on fait abstraction de l'eau, en desséchant complétement la graine germée ou non germée. Si la perte de poids varie suivant les graines, elle est du moins toujours sensible, seulement on observe qu'elle est supérieure à celle que représente l'acide carbonique produit : on est donc forcé de conclure qu'une partie de l'oxygène de la plante a concouru à la formation de l'acide carbonique; on sait de plus qu'une proportion toujours plus grande, à mesure que la germination avance, se combine avec de l'hydrogène pour former de l'eau, qu'enfin ce gaz se combine aussi avec le carbone pour donner naissance à de l'acide acétique, dont Edwards et Colin, Becquerel, Boussingault, Oudemans ont constaté la présence sans pouvoir en déterminer la quantité. Les substances éliminées par exosmose sont, du reste, en proportion très-minime, ce sont des sels inorganiques et de la dextrine.

Si la graine est riche en substance carbonée, il n'est guère de

(1) Ce phénomène peut avoir lieu en dehors de la vie, lorsqu'on met en contact, sous une cloche pleine d'air, les éléments d'une graine : de la fécule et de la sciure de bois humides.

partie des végétaux qui contienne des substances azotées en aussi fortes proportions, chacune de ces substances et souvent leurs transformations successives ont reçu des noms différents ; c'est la légumine, la glutine, l'albumine végétale soluble ou insoluble, et d'autres qui se grouperaient autour de ces types protéiques. Quand on ne trouve même pas encore de cellulose, ainsi dans la spore des Algues, les matières protéiques révèlent déjà leur existence par les réactions qui leur sont propres (Thuret).

Des réactions réciproques qu'en présence de l'eau et de l'oxygène, sous l'influence de la chaleur, exercent les unes sur les autres les matières azotées et les hydrocarbures, naît une substance qui n'existait pas auparavant dans la graine, la diastase, considérée par quelques auteurs comme représentant la mucine de Th. de Saussure, ou comme n'en étant qu'un état de transformation plus avancée, car elle paraît être plus active.

Cette substance, sans prendre part à aucune combinaison, neutre par elle-même, possède au plus haut degré la faculté de rendre soluble les produits insolubles que la graine a accumulés pendant sa période d'évolution embryogénique, et qui, à cet état, ont joué un rôle si important pour sa conservation. Cette réaction est accompagnée d'une élévation de température facile à constater lorsque les graines sont accumulées en grande quantité ; la diastase a besoin, pour manifester son action, d'un certain degré de chaleur, mais Berzelius a montré que dans les corps vivants cette réaction s'opérait à une température moins élevée que celle dont avait besoin la diastase après son extraction.

Les substances, devenues solubles, constituent la série dextrine glycose, dans laquelle rentrent plusieurs intermédiaires et entre autres la maltose de M. Berthelot. J'ai dit que la diastase possédait cette faculté au plus haut degré mais non pas exclusivement, car le rôle de ferment glycosique qu'elle joue dans cette circonstance, elle le partage, ainsi que l'ont montré les recherches de M. Bouchardat, avec beaucoup d'autres corps (1), parmi lesquels il en est qui se rencontrent antérieurement dans la graine : l'albumine, le gluten, la glutine, et ces substances n'ont besoin pour agir sur l'amidon que d'eau et de chaleur.

Ce résultat est tout à fait conforme à ce qui nous est offert dans les réactions de cet ordre, dont l'organisme animal est le théâtre ; si la diastase salivaire possède au plus haut degré la propriété de changer l'amidon en sucre, on sait que le sérum du sang, le sang lui-même, la bile, la chair musculaire, les parenchymes glandulaires, en dehors des glandes salivaires, peuvent opérer des transformations semblables, et l'analogie est si grande entre ces deux ordres de faits, que M. Cl. Bernard a montré souvent comment on pouvait transformer l'amidon végétal en sucre avec le ferment du foie et opérer la même transformation de la substance glycogène, ou amidon animal, avec de la diastase végétale.

Quel que soit le nom (2) qu'on veuille donner à cette réaction chimique, quels que soient le nombre et la valeur que l'on veuille attribuer aux agents qui l'opèrent, elle n'en est pas moins très-bien constatée ; elle est une des conditions les plus indispensables de la nutrition et du développement du végétal à ce premier âge de sa vie.

Une simple analyse d'un savant auquel il faut toujours revenir, et dont le nom est à la base de tout ce qu'il y a de précis et de bien observé dans les phémonènes de la germination,

(1) Mulder en compte 25. — D'après M. Berthelot : « Une matière azotée de nature animale en décomposition, quelle que soit son origine, peut remplir le même rôle que la diastase, mais elle agit avec plus de lenteur, d'une manière moins régulière, et peut-être à la condition préalable de prendre à la suite de ses décompositions un état analogue à celui de la diastase ; ce point n'est pas encore éclairci. » (Berthelot, *Chimie organique fondée sur la synthèse*, t. II, p. 601.)

(2) On sait les modifications que les travaux de M. Pasteur ont apportées à la manière dont on doit comprendre aujourd'hui la fermentation. Toutefois, il y a un certain ordre de faits auxquels on est encore obligé d'appliquer l'ancienne idée de catalyse en dehors de toute organisation du ferment.

Th. de Saussure (1), va nous montrer les changements qui se sont produits dans la graine, en prenant pour type le froment :

	Froment non germé.	Froment germé.
Amidon	72,7	65,8
Matière cellulaire	5,5	5,6
Sucre	2,4	5,1
Dextrine	3,5	7,9
Glutine et mucine.	11,8	7,6
Albumine insoluble	1,1	2,7

Cette analyse renferme à elle seule tout ce qu'on a dit et vérifié depuis sur les réactions chimiques fondamentales qui se passent dans la graine en germination. Traduire ces résultats en mots au lieu de chiffres sera le plus simple et le meilleur résumé de tout ce que je viens de dire : l'amidon a diminué, la dextrine a augmenté, ainsi que le sucre ; le gluten a diminué, mais l'albumine insoluble et la quantité de matières cellulaires ont augmenté ; cette dernière augmentation doit être en effet le résultat final de tout le travail chimique, dont le but est de concourir à la formation de cellules nouvelles et à l'assimilation des matériaux remaniés.

La transformation des substances accumulées, soit dans l'albumen, soit dans les cotylédons, peut être suivie au microscope. M. A. Gris a récemment entrepris cette étude qui avait déjà attiré l'attention de MM. Schleiden, Nægeli et Trécul. Si l'on examine des portions d'albumen pendant la germination, on s'aperçoit que la fécule y présente des apparences variées, des déformations qui, suivies avec soin par M. Gris, l'ont amené à reconnaître que le principe actif a une tendance à agir sur le centre du grain, et à propager ensuite son action vers la circonférence, ce que l'on voit très-bien dans l'orge ; mais en général la résorption de la fécule s'opère de deux manières différentes : tantôt le grain, attaqué par place, est rongé, troué, mis en lambeaux, c'est ce que M. Gris a

(1) *Bibliothèque universelle de Genève*, t. LIII, p. 260.

appelé *mode de résorption locale* ; tantôt le grain semble se dissoudre d'une manière uniforme, égale, et par toute la surface qui demeure lisse ; ce mode de résorption, que cet observateur a appelé *mode de résorption égale*, est celui de tous les genres dont l'albumen contient ou a contenu à une certaine époque de son développement des grains composés (1).

A mesure que la fécule a disparu de l'albumen elle se reforme dans l'embryon, non pas qu'on puisse admettre avec M. Sachs qu'ainsi liquéfiée elle se précipite ensuite à l'état de grain dans d'autres cellules ; la chimie et la physiologie répugneraient également à accepter ce procédé un peu primitif, mais les cellules en reforment dans leur intérieur ; cette production peut même avoir lieu en dehors des matériaux fournis par l'albumen. M. A. Gris a pu montrer qu'il n'était pas nécessaire que de l'amidon fût apporté de l'albumen pour qu'il s'en formât dans l'embryon; il s'est servi pour cela d'une graine de *Canna* dont l'embryon est niché dans une fossette de l'albumen, de manière à y être tout à fait libre ; son isolement est donc facile à opérer sans qu'on puisse craindre, soit de rompre certaines parties de l'embryon lui-même, soit d'y laisser adhérer quelques portions de l'albumen. Si l'on examine cet embryon avant la germination, on constate que ces cellules ne contiennent que de l'aleurone (nous reviendrons tout à l'heure sur cette substance), sans aucune trace de fécule; la germination est-elle commencée, il est gorgé de fécule, et cela qu'il tienne à son albumen ou qu'il soit isolé.

Ainsi, il se détruit et il se forme en même temps de la fécule, manifestation intéressante de cette loi de la nutrition et de la vie chez les êtres organisés, qui consiste toujours dans l'opposition de deux mouvements simultanés, l'un d'assimilation, l'autre de désassimilation ; l'un d'absorption, l'autre d'exhalation. — Bientôt un nouvel antagonisme se

(1) A. Gris, *Du développement de la fécule et en particulier de sa résorption dans l'albumen des graines en germination* (*Ann. sc. nat.*, 1860, 4e série, t. XIII, p. 138). — Les observations consignées dans ce mémoire ont porté sur des plantes appartenant aux familles suivantes : Graminées, Commélinées, Aroïdées, Polygonées, Nyctaginées, Phytolacées.

manifeste dans la respiration de la graine germée ; lorsque les matières vertes apparaissent, la plantule absorbe de l'oxygène, mais celles-ci ont le pouvoir de s'assimiler le carbone et d'exhaler l'oxygène, « de sorte que, pendant un certain temps, deux forces opposées se trouvent en présence, l'une tend, comme nous l'avons reconnu, à enlever du carbone à la semence, l'autre contribue à lui en fournir (1). »

Si les principes azotés jouent dans la germination un rôle de premier ordre, en entrant dans la composition des cellules qui se forment, et en présidant aux fermentations glycosiques; si l'amidon et ses dérivés, en fournissant un élément carboné, rendu soluble, remplissent un rôle non moins important, il est une autre classe de corps hydrocarbonés, les substances grasses, dont il faut connaître le rôle ; ces substances sont en effet très-loin d'être accessoires, elles peuvent même dominer dans l'albumen ou les cotylédons. Une de leurs combinaisons, dont les études de micrographie chimique ont révélé l'importance, est l'aleurone, huile grasse combinée avec l'azote, et qui, suivant l'expression de M. Hartig, en serait le support ; cette substance ne manque jamais dans les graines avant la germination ; et de plus il n'y a, d'après le même auteur, que les Graminées dans les graines desquelles la fécule domine nettement : dans le grand groupe des Légumineuses, les Viciées et les Phaséolées en renferment beaucoup. Les Nymphéacées, Marantacées, Musacées, Polygonées, Laurinées, et les genres *Æsculus*, *Acer*, *Castanea*, *Quercus*, sont encore riches en fécule ; ces végétaux retranchés, à peine un dixième de tous les autres en présentent-ils dans leur graine une quantité plus ou moins grande ; tel est le résultat des observations de M. Hartig, au point de vue de la profusion avec laquelle l'aleurone est répandue. J'ajouterai que dès les degrés les plus inférieurs du règne végétal chez les Champignons, une substance huileuse, plus ou moins voisine, mais dans tous les cas appartenant au même groupe, est la seule qu'on rencontre dans les spores.

(1) Boussingault, *Économie rurale*, 1851, t. I, p. 2.

Nous avons vu, d'après une expérience citée plus haut, que la fécule apparaît dans les cellules qui ne contenaient auparavant que de l'aleurone ; il semble que ce corps préside aux premières évolutions, et que ses éléments passent ensuite à d'autres combinaisons, car on n'en retrouve plus la trace au bout d'un certain temps. Sa disparition est facile à constater sur les cotylédons de graines oléagineuses : lorsqu'ils sont développés et colorés en vert (Hêtres, Noisetiers), ils ne contiennent plus que de la fécule et de la chlorophylle (Schacht), cette disparition a lieu à partir de l'embryon ; en effet, on voit pendant un certain temps la fécule remplir les parties des cotylédons les plus voisines de l'axe, tandis que les autres parties de ces organes abondent en matière granuleuse et en huile grasse. Il semblerait, ajoute M. Schacht, que, pendant la germination du Hêtre, l'huile grasse se change graduellement et se transforme en matières hydrocarbonées.

L'apparence extérieure de l'aleurone, la manière dont elle se produit dans les cellules, et l'action des réactifs propres à la caractériser ou à déceler sa présence, sont jusqu'ici les seuls points de vue auxquels elle ait été étudiée ; quant à ses transformations chimiques, nous sommes obligé de les confondre avec celles des autres huiles et matières grasses des graines. Ces substances, appelées, comme la fécule, à subir des transformations successives, éprouvent une diminution corrélative à celle que la fécule subit par son passage à l'état de glycose ; tandis qu'on en trouve 47,09 pour 100 dans une graine de *Brassica*, il n'y en a plus à la dernière période de la germination que 36,22 ; mais le sucre et quelques autres produits ont augmenté dans la proportion de 7 à 15, et les matières protéiques insolubles de 12 à 14 (1).

Chez les animaux, les matières grasses sont transformées par des agents qui ne sont pas les mêmes que pour les autres substances, et dont le suc pancréatique et la bile représentent les deux termes principaux. Quel est l'agent qui, chez la plante, détermine les changements de la matière grasse, son dédouble-

(1) Helbriegel, *Journal für practische Chemie*, 1855, t. LXIV, p. 94.

ment en acide gras et en glycérine, et finalement en acide carbonique et en eau? Suivant Mulder, la présence de substances albumineuses, sous l'influence d'une certaine température, suffirait à en rendre compte ; mais nous devons avouer qu'ici nous sommes très-peu avancé, et nous résoudre à attendre une solution qui manque.

D'autres actions du même ordre que les transformations catalytiques et les dédoublements que nous avons étudiés, se passent dans les graines, tel est dans l'amande amère le dédoublement de l'amygdaline opéré par l'émulsine ; mais mon but n'est pas d'entrer dans les faits de détails et les particularités qui ne sont pas d'une application générale.

Toutes les opérations complexes que nous venons de passer en revue sont intimement liées à la vie du germe qui en est l'objet, mais elles peuvent être arrêtées et reprendre plus tard leur activité ; la vie des plantes peut ainsi se suspendre dans le moment précisément où elle manifeste une grande activité, c'est ce que montrent très-bien les expériences de Th. de Saussure, dont le but était de connaître les effets de la privation de l'eau pendant le cours de la germination. Il a d'abord desséché à l'air libre des graines à différentes périodes de germination, exposées dans une étuve à 35 degrés ; il les a laissées ensuite un mois à l'air libre dans un lieu très-sec, même jusqu'à un an, à une température moyenne de 15 degrés ; en humectant ensuite ces graines, il les a vues reprendre vie, après un temps plus ou moins long, et végéter. Des graines desséchées dans le vide aussi complétement que possible ont exigé un peu plus de temps pour s'humecter, mais sont également revenues à la vie. En général, les graines les plus avancées dans leur germination mettaient plus de temps à reprendre vie (1).

(1) Th. de Saussure, *Influence du dessèchement sur la germination de plusieurs graines alimentaires* (*Mém. de la Soc. de phys. et d'hist. nat.*, 1825, t. III, 2e part.). — Ces expériences ont, comme on le voit, une grande analogie avec celles de Spallanzani, répétées par plusieurs physiologistes et en particulier par Doyère sur les animaux dits *ressuscitants*.

Resterait encore à étudier le rôle des substances inorganiques des sels minéraux qui entrent dans la composition de la graine, mais une seule m'arrêtera, le phosphore, car je ne dois ni ne puis entrer dans le détail des variétés de ces corps que nous présenteraient les graines suivant leur origine. Le rôle important des phosphates dans l'assimilation de l'azote que les végétaux puisent dans le sol à l'état de combinaison, a été exposé par M. Boussingault; et l'on sait grâce aux travaux de M. Corenwinder, que le phosphore ne s'arrête pas dans les organes destinés à s'incruster de matières insolubles et à constituer la charpente ligneuse du végétal; il se transporte partout où des phénomènes vitaux et des réactions chimiques sont d'une certaine énergie. Les cotylédons qui en présentent dans la graine une quantité notable, lorsqu'ils ont été épuisés par le développement des jeunes organes, donnent une cendre où l'on ne trouve pas trace de ses combinaisons, il n'y a plus que de la silice et de la chaux.

Comment agit-il et pourquoi sa présence est-elle nécessaire dans ce foyer d'activité chimique qu'on appelle *graine germée?* C'est ce qu'il serait difficile de dire maintenant; mais il n'en est pas moins d'un grand intérêt de constater le fait de ce transport dans les parties où l'organisme a besoin de l'impulsion la plus vive, et ce n'est pas seulement dans la graine en voie de germination, qu'il se conduit de la sorte, mais dans le bourgeon, dans la fleur, les anthères, partout où il faut fournir aux phénomènes de la végétation une surabondance d'activité. Nous pourrions du reste en dire autant de la diastase, dont la présence a été dès l'origine reconnue par M. Payen dans les tubercules des Pommes de terre, près des points d'où sortent les jeunes pousses, ainsi que sous les bourgeons de l'*Ailantus glandulosa;* nous pourrions faire la même remarque pour la respiration de l'oxygène caractéristique des fleurs, des fruits et des parties en voie de développement, nous verrions ainsi que les procédés employés pour déterminer l'acte physiologique de la germination ne diffèrent pas dans leur essence de ceux que nécessitent les actes de nutrition et d'accroissement dans la végétation ultérieure de la plante. En résumé, en présence de l'eau et sous l'influence de la chaleur : — Absorption de l'oxygène de l'air et exhalation d'acide carbonique, produit ultime de la combustion des matériaux hydrocarbonés décomposés ; — formation de la diastase, réaction de ce corps sur la fécule insoluble qu'elle change en dextrine et en sucre ; — dédoublement des substances grasses sous l'influence d'un agent encore inconnu, mais probablement aussi protéique ; — présence du phosphore et son intervention dans la formation des combinaisons azotées (1). Tel est le tableau de ce qu'on sait de plus positif sur l'ensemble des phénomènes chimiques qui accompagnent la germination.

(1) « Il est de toute légitimité d'établir une solidarité désormais incontestable entre le phosphore et l'azote dans la vie organique. » (Corenwinder, *La migration du phosphore dans les végétaux*, in *Ann. des sc. nat.*, 1860, 4e série, t. XIV, p. 45.)

CHAPITRE IV.

APPLICATIONS PRATIQUES. — CONCLUSIONS (1).

Notre sujet nous fournit peu de points de contact avec la médecine, il est cependant fécond en résultats pratiques applicables aux premiers besoins de la vie de l'homme; l'hygiène, l'économie domestique, l'agriculture et l'industrie empruntent

(1) Citer une liste d'ouvrages relatifs à ce chapitre nous éloignerait souvent de notre sujet, et nous en restreindrons beaucoup le résumé. D'une manière générale, on peut dire qu'en agriculture, depuis Thaër et Mathieu de Dombasle, on est rentré dans la voie ouverte par Duhamel; les données théoriques de la science ont été beaucoup plus consultées. Les questions de semailles, la conservation des graines alimentaires et leur récolte ont participé à cette impulsion comme les autres branches de l'agronomie, mais il faudrait nous disperser sur un trop grand nombre d'ouvrages ou d'articles reproduisant souvent les mêmes aperçus scientifiques, pour que nous ne nous croyions pas en droit de nous limiter beaucoup dans cette dernière bibliographie.

1844. DUMAS. Essai de statique chimique des êtres organisés.

1846-1860. DE GASPARIN. Cours d'agriculture.

1847. CH. ROBIN. Des végétaux qui croissent sur les animaux vivants (*Thèse*) p. 12. Germination de l'*Achorion*.

1851. BOUSSINGAULT. Économie rurale. — Édition postérieure.

1856. DOYÈRE. Mémoire sur l'ensilage rationnel.

1856. LACAMBRE. Traité complet de la fabrication des bières et de la distillation des grains. — Bruxelles.

1859. PAYEN. Précis de chimie industrielle.

1859. CLOS. Considérations sur la graine envisagée au point de vue agricole (*Journ. d'agr. prat. du Midi*).

1861. MULDER. De la bière (trad. par Delondre. Paris).

1861. GIRARDIN. Leçons de chimie élémentaire appliquée aux arts industriels, 4e édition.

aux connaissances scientifiques qui ont la germination pour objet, des données et des solutions précises qui dirigent et éclairent leurs procédés.

Il y aurait dans cette étude matière à plusieurs volumes; la seule fabrication de la bière a fourni les matériaux d'ouvrages importants, parmi lesquels je citerai celui de Mulder, traduit en français par M. Delondre. Je renvoie à cet ouvrage l'examen de toutes les données rationnelles pour sa fabrication, dues à la connaissance des phénomènes chimiques de la germination des graines et de celles de l'orge en particulier. La bière est, comme on le sait, une boisson que l'on obtient avec l'eau tenant en dissolution les produits de réactions opérées pendant la germination de l'orge, et soumise à un certain degré de fermentation alcoolique. Les effets qu'elle produit sur l'économie se rapportent à la présence de l'alcool et à celle de l'acide carbonique, elle leur doit ses propriétés digestives, stimulantes et diurétiques. Son usage économique est considérable, mais son emploi en médecine est fort restreint : c'est surtout comme véhicule des principes actifs du Quinquina, de la Rhubarbe ou des bourgeons de Sapin, qu'elle a été employée; ces préparations, d'origine anglaise, sont du reste peu usitées. Boisson nutritive et chargée d'un principe amer, elle peut être salutaire chez les convalescents ou entrer dans l'ordonnance de certains régimes; mais ce sont là des emplois si variés et si peu définis, qu'ils dépendent des appréciations intelligentes du médecin plutôt que d'un formulaire de prescriptions rationnelles.

La germination possible de substances végétales, soit à la surface, soit dans les cavités du corps, est trop intimement liée chez les Cryptogames parasites à leur végétation tout entière, pour qu'il ne soit pas hors de propos d'en parler ici; quant à celles que, d'après différents auteurs, de Candolle a rapportées de Phanérogames ayant germé dans le tube digestif, dans le conduit auditif ou dans le nez, leur authenticité et leur intérêt sont assez contestables.

L'histoire des produits de la germination, diastase, dextrine, glycose, considérés dans leurs applications à l'industrie ou dans les utiles enseignements que la panification peut tirer de leur réaction, a été développée par M. Payen. Je dois aussi rappeler l'emploi chirurgical de la dextrine dans la confection de bandages inamovibles appliqués aux fractures (1). La science, à son tour, emprunte à l'explication rationnelle des procédés empiriques de nouvelles confirmations : l'importance d'un battage prolongé de la pâte destinée à devenir du pain, nous montre la nécessité de la présence de l'oxygène pour la production de la diastase et la transformation d'une partie de l'amidon en dextrine, nous reconnaissons là un des usages de ce gaz dans la germination. Les précautions hygiéniques de ventilation nécessaires dans les locaux des brasseries destinés à la germination de l'orge, nons montrent en grand le dégagement de l'acide carbonique qui accompagne cet acte végétatif.

Je ne ferai qu'énumérer très-rapidement les déductions applicables à l'agriculture, en renvoyant pour les détails à deux ouvrages chez lesquels abondent les déductions scientifiques rigoureuses appliquées avec ce discernement qui, s'il venait à manquer, les rendrait inutiles et quelquefois même nuisibles; je veux parler de l'*Économie rurale* de M. Boussingault et du *Cours d'agriculture* de M. de Gasparin. Un simple énoncé des principales questions nous suffira, et je me contenterai d'en présenter succinctement une sorte de tableau.

Nécessité de l'action de l'oxygène de l'air pour la germination : division du sol et labours, profondeur des semis. — Influences de l'eau, de l'air et de la chaleur : procédés de conservation, ensilage. — Durée des facultés germinatives, possibilité de germination avant la maturité de la graine : choix des époques de récoltes et de semailles. — Germination des champignons parasites pendant la germination du grain de blé : chaulage, etc., etc.

En présentant en regard ces faits, je ne prétends pas dire,

(1) Velpeau, *Substitution de la dextrine à l'amidon comme substance consolidante dans le bandage inamovible employé pour le traitement des fractures* (*Comptes rendus de l'Acad. des sciences*, t. VI, p. 500).

bien entendu, que toutes ces pratiques agricoles aient été primitivement la conséquence des connaissances scientifiques, mais régularisées et rendues plus méthodiques, elles se sont étendues et perfectionnées, à mesure que, grâce aux expériences et aux observations scientifiques, on a mieux compris ce qu'elles avaient de rationnel.

Arrivé aux limites que m'impose mon plan dans ce résumé de nos connaissances actuelles sur la germination, jetons un coup d'œil en arrière, et, reprenant les faits exposés et les résultats qui en dérivent, tâchons de fixer en quelques mots les idées générales et les conclusions précises qui doivent être la suite de tout travail d'ensemble.

Nous avons vu que sous l'influence de l'eau, de l'oxygène et de la chaleur, une semence germe ; que, simple et souvent réduite à une seule cellule, la spore des végétaux inférieurs était susceptible de s'accroître en une plante type. La simplicité du phénomène initial est alors largement compensée par la complication, j'allais presque dire la confusion des germes de toute espèce fécondés ou non fécondés, capables d'une évolution initiale identique.

Passant à des Cryptogames d'une organisation plus complexe, nous avons vu la cellule embryonnaire, restée simple, ne pouvoir donner naissance au végétal type que par une métamorphose de celui qu'elle produit d'abord : de l'œuf est née une larve qui est devenue l'être parfait (*Marchantia*, *Mousses*, etc.). Bientôt cette larve s'individualise en portant les organes sexuels ; de sorte qu'ici, contrairement à ce qui se passe dans le règne animal, c'est la phase asexuée qui est celle où le végétal atteint sa plus grande perfection (Fougères). Dans les types plus rapprochés des Phanérogames un embryon se dessine pendant la germination, enfin chez ceux-ci il est déjà tout formé à ce moment, et reproduit les caractères de la plante mère ; sa germination consiste dans le simple accroissement de toutes ses parties ; des réactions chimiques variées sont la condition de ce phénomène complexe, et nous avons vu, suivant l'expression de M. Dumas, la plante se faire animal, brûler du carbone et de l'hydrogène, et produire de la chaleur ; mais nous savons que, dans la suite de sa vie, si elle développe un bourgeon, si elle féconde une fleur, si elle mûrit un fruit, les mêmes phénomènes se reproduiront. Nous sommes donc en droit de dire que la période germinative d'une plante n'est pas un fait isolé et sans connexion, d'une part, avec les développements anatomiques de toute gemmation simple, de l'autre, avec les lois générales de la nutrition végétale.

Deux idées antérieures dominent celle de germination : l'une très-générale la reproduction ; l'autre, plus définie, la fécondation. Chez les végétaux inférieurs, par suite de l'état encore incertain de la science et des transitions nombreuses que leur étude nous présente, la germination nous apparaît comme un simple acte reproducteur, quelle que soit la provenance du corps qui en est l'agent ; chez les végétaux supérieurs, la germination se définit d'une manière tout à la fois simple et vraie en partant du seul point de vue de l'embryon fécondé : la série des phénomènes qui amènent cet embryon à s'accroître, à développer ses parties pour donner naissance à une plante capable de vivre et de se suffire à elle-même.

Maintenant, si je voulais caractériser les nuances qui m'ont obligé à élargir cette dernière définition, je distinguerais trois classes de germination, groupement auquel je n'attache aucune autre importance que de résumer les faits que j'ai passés en revue, faciliter l'étude de ces faits et la lecture d'un grand nombre d'ouvrages, dans lesquels l'idée de germination s'est généralisée et étendue bien au delà de la définition précédente. Je distinguerai donc : Une germination *præterembryonnaire* ou *extraembryonnaire*, celle qui est propre aux corps reproducteurs des végétaux inférieurs, qui ne peuvent être considérés comme des embryons : c'est une véritable gemmation (1) ; une germination *proem-*

(1) Je ne lui conserve le nom de *germination* qu'en vue des rapports physiologiques et anatomiques très-intimes qu'offre ce mode de multiplication avec la germination des spores fécondées, et aussi parce que l'usage a consacré cette analogie dans les ouvrages de cryptogamie.

bryonnaire, celle qui comprend deux phases séparées par la formation d'un proembryon : dans certains cas, l'une des deux phases a pour origine une germination extraembryonnaire ; enfin une germination *embryonnaire*, la seule à laquelle s'applique ce nom d'une manière incontestable, c'est celle des Phanérogames et d'un grand nombre de Cryptogames. Pour embrasser dans une vue d'ensemble tous les faits groupés dans ces trois divisions, sans rien préjuger sur la nature des corps reproducteurs qu'il faut savoir laisser encore indécise, nous sommes amené à dire que la germination prise dans son sens le plus large est la dernière phase des fonctions de reproduction chez les végétaux.

Enfin nous avons vu, en terminant, de combien de connaissances scientifiques directement applicables cette étude était la source, et nous pourrions à cet égard la présenter en réponse à ceux qui, niant la valeur des études théoriques, n'y voient que l'expression d'une tendance spéculative, sans valeur réelle et sans résultat utile.

SUPPLÉMENT BIBLIOGRAPHIQUE.

1763. Duhamel. Physique des arbres. Liv. IV, Des semences et de leur germination.

1780. Duhamel. Des semis et plantations des arbres.

1807. Ben. Prévost. Mémoire sur la cause immédiate de la carie ou charbon des blés. — Montauban.

1825. Kaulfuss. Erfahrungen über das Keimen der Charen. — Leipzig.

1827. Pouillet. Mémoire sur une des causes de l'électricité de l'atmosphere (*Ann. de chim. et de phys.*, 2e série, t. XXXV, p. 414).

1830. Brongniart. Développement du charbon dans les Graminées.

1836. Agardh. Observations sur la propagation des Algues, in-8°.

1843. Unger. Die Pflanze im Momente der Thierwerdung.

1845. Karl Muller. Zur Entwickelungsgeschichte der Charen (*Bot. Zeit.*, 1845, p. 393).

1847. Mohl. Ueber die Entwickelung des Embryo von *Orchis morio* (*Bot. Zeit.*, 1847, p. 465).

1848. Treviranus. Hat Pinguicula zwei Cotyledonen? (*Bot. Zeit.*, 1848, p. 441).

1848. Payen. Température que peuvent supporter les sporules de l'*Oïdium aurantiacum* sans perdre leur faculté végétative (*Comptes rendus de l'Institut*, t. XXVII, p. 4.

1849. Hofmeister. Ueber die Fruchtbildung und Keimung der höheren Kryptogamen (*Bot. Zeit.*, 1849, p. 793).

1849. Karl Muller. Geschichte der Keimung von *Isoetes Lacustris* (*Bot. Zeit.*, 1849, p. 297).

1850. Mercklin. Beobachtungen an dem Prothallium der Farnkräuter. — Saint-Pétersbourg.

1851. Hofmeister. Vergleichende Untersuchungen über Keimung der höheren Kryptogamen. — Leipzig.

1851. Fleischer. Zur Lehre vom Keimen der Samen der Gewächse. — Stuttgart.

1851. Pringsheim. Entwicklungsgeschichte der *Achylya prolifera*. — Bonn.

1852. Pringsheim. Keimung der *Spirogyra* (*Flora*).

1853. Bischoff. Zur Entwickelungsgeschichte der Lebermoose (*Bot. Zeit.*, 1853, p. 113).

1853. Tulasne. Observations sur l'organisation des Trémellinées (*Ann. sc. nat.*, 3e sér., t. XIX, p. 193).

1853. Irmisch. Keimpflanzen von *Tussilago*, *Thesium*, *Chenopodium*, *Saxifraga* (*Flora*).

1853. Schacht. Keimung der Waldbäume (*Flora*, 1853).

1854. Buff. Sur l'électricité des plantes (*Philosoph. Mag.*; *Bibl. univ. de Genève*, t. XXV, p. 331).

1854. Strickland. Uber die Lebensfähigkeit der Samen (*Bot. Zeit.*, 1854, p. 72).

1854. Wigand. Versuche über das Richtungsgesetz beim Keimen. W. botan. Untersuchungen, 1854, p. 131-161.

1855. Gavarret. De la chaleur produite par les êtres vivants. Paris, p. 519 et suiv.

1856. Cohn. Mémoire sur le développement et le mode de reproduction du *Sphæroplea annulina* (*Ann. sc. nat.*, 2e sér., t. V, p. 187).

1856. Karsten. Organographische Betrachtung der *Zamia muricata* (*Bull. Soc. bot.*, t. VIII, p. 953).

1856. James Salter. On the vitality of seeds after prolonger submersion in the sea (*Bull. Soc. bot.*, t. III, p. 248).

1856. Fabre. De la germination des Ophrydées (*Ann. sc. nat.*, 1856, p. 163).

1857. Irmisch. Keimung von *Convolvulus sepium* (*Bot. Zeit.*, 1857).

1857. Irmisch. Uber Keimung der Orchideen (*Bot. Zeit.*, 1857).

1857. Vichura. Keimpflanzen der *Anemone*; Keimung von *Omphalodes scorpioides* (*Flora*, 1857, p. 44).

1857. Germain de Saint-Pierre. Sur la germination de l'*Aponogeton distachyus* (*Bull. Soc. bot.*, t. IV, p. 577).

1857. Germain de Saint-Pierre. Germination du *Dioscorea batatas* comparée à celle du *Tamus communis* et de l'*Asparagus officinalis* (*Bull. Soc. bot.*, t. IV, p. 697).

1858. Decaisne. Sur les graines bulbiformes des *Pancratium*, traduit de R. Brown, t. V, p. 18.

1858. Oudemans et Rauwenhoff. De Scheikundige Verschynselen by de Kieming der Planten-Zaden (Phénomènes chimiques qui ont lieu pendant la germination des graines) (*Bull. Soc. bot.*, t. VI, p. 742).

1858. J. Kukn. Die Krankheiten der Kulturgewächse, ihre Ursachen und ihre Verhütung. — Berlin (*Bull. Soc. bot.*, 1859). Germination des *Ustilago*.

1858. Rochleder. Chemie und Physiologie der Pflanzen. — Heidelberg.

1859. Duval-Jouve. Organes de reproduction de l'*Equisetum arvense* (*Bull. Soc. bot.*, t. VI, p. 699).

1859. Békétoff. Notice sur la germination (*Bull. Soc. imp. des nat. de Moscou*); a trait à la direction de la radicule (*Bull. Soc. bot.*).

1859. Durieu de Maisonneuve. Lettre sur la germination des *Carex* (*Bull. de la Soc. bot.*, t. VI, p. 322).

1859. Sachs. Ueber das Auftreten der Stärke bei der Keimung ölhaltiger Saamen (*Bot. Zeit.*, ann. 1859, p. 177-185).

1860. Crocker. Notes on the germination of certain species of Cyrtrandeæ (*Bull. Soc. bot.*, t. VIII, p. 46).

1862. F. Currey. On germination of *Reticularia umbrina* (*Nat. hist. rev.*, n° VIII. — *Bull. Soc. bot.*, t, IX, p. 477).

1862. de Seynes. Essai d'une flore mycologique. — Observations sur les Agaricinés. — Paris, p. 30.

EXPLICATION DES FIGURES

GERMINATIONS DE CRYPTOGAMES.

1. Spores de *Morchella esculenta* à une première phase.
2. Spores de *Morchella esculenta*, seconde phase avec huile émulsionnée.
3. Spores de *Morchella esculenta*, troisième phase, émission du mycélium.

(Figures tirées de mon *Essai d'une Flore mycologique*, pl. V.)

4. Deux spores de *Verrucaria muralis*.
5. Deux spores de *Collema cheileum*.

(Ces figures sont tirées du *Mémoire sur les Lichens*, de M. Tulasne, pl. VII et XIII.)

6. Quatre spores du *Funaria hygrometrica* à divers états.
7. *Funaria hygrometrica*, formation du proembryon ramifié, la spore est en *S*.

(Ces figures sont tirées des *Recherches sur les Mousses*, de M. Schimper.)

8. Spore de *Fucus vesiculosus*.

(Cette figure est tirée des *Recherches sur la fécondation des Fucacées*, par M. Thuret, in *Ann. des sc. nat.*, 1854, 4e sér., t. II, pl. XIV.)

9. Spore de *Fucus vesiculosus*.

9'. Spore de *Vaucheria sessilis*.

(Ces deux figures sont tirées du mémoire de M. Pringsheim, *Sur la fécondation et la germination des Algues*, in *Ann. des sc. nat.*, 1855, 4e sér., t. III, pl. XV.)

10. Germination d'une Fougère (*Pteris serrulata*). — *S.*, sporule; *Pr.*, prothallium; *Ar.*, archégone; *F.*, jeune Fougère sortie de l'archégone avec les restes du prothallium, une première fronde et une première racine.

(Cette figure est tirée de : *Les arbres*, par Schacht, p. 74.)

GERMINATIONS DE MONOCOTYLEDONÉS.

11. *Canna indica* L. — *Al.*, albumen périspermique ; *Cot.*, cotylédon ; *G.*, gemmule.
12. *Avena sativa*. — *Sc.*, scutellum ; *Col.*, coléorrhize.

(Ces deux figures sont tirées de l'*Analyse botanique des embryons endorrhizes*, de L. C. Richard, pl. I et IV.)

GERMINATIONS DE DICOTYLÉDONÉS.

13. *Zamia spiralis* (tirée de : *Les arbres*, par Schacht, p. 62).
14. *Nelumbium codophyllum*. — *C.*, cotylédons. La gemmule *G* sort la première ; *R.*, radicule.

(Figures tirées des études anatomiques de M. Trécul *Sur les* Nelumbium, Nuphar *et* Victoria, in *Ann. des sc. nat.*, 4e sér., t. I, pl. XII.)

15. Haricot blanc. Les cotylédons sont épigés.
16. Haricot rouge. Les cotylédons sont hypogés.

(Figures tirées de l'*Almanach du bon Jardinier*, 1862.)

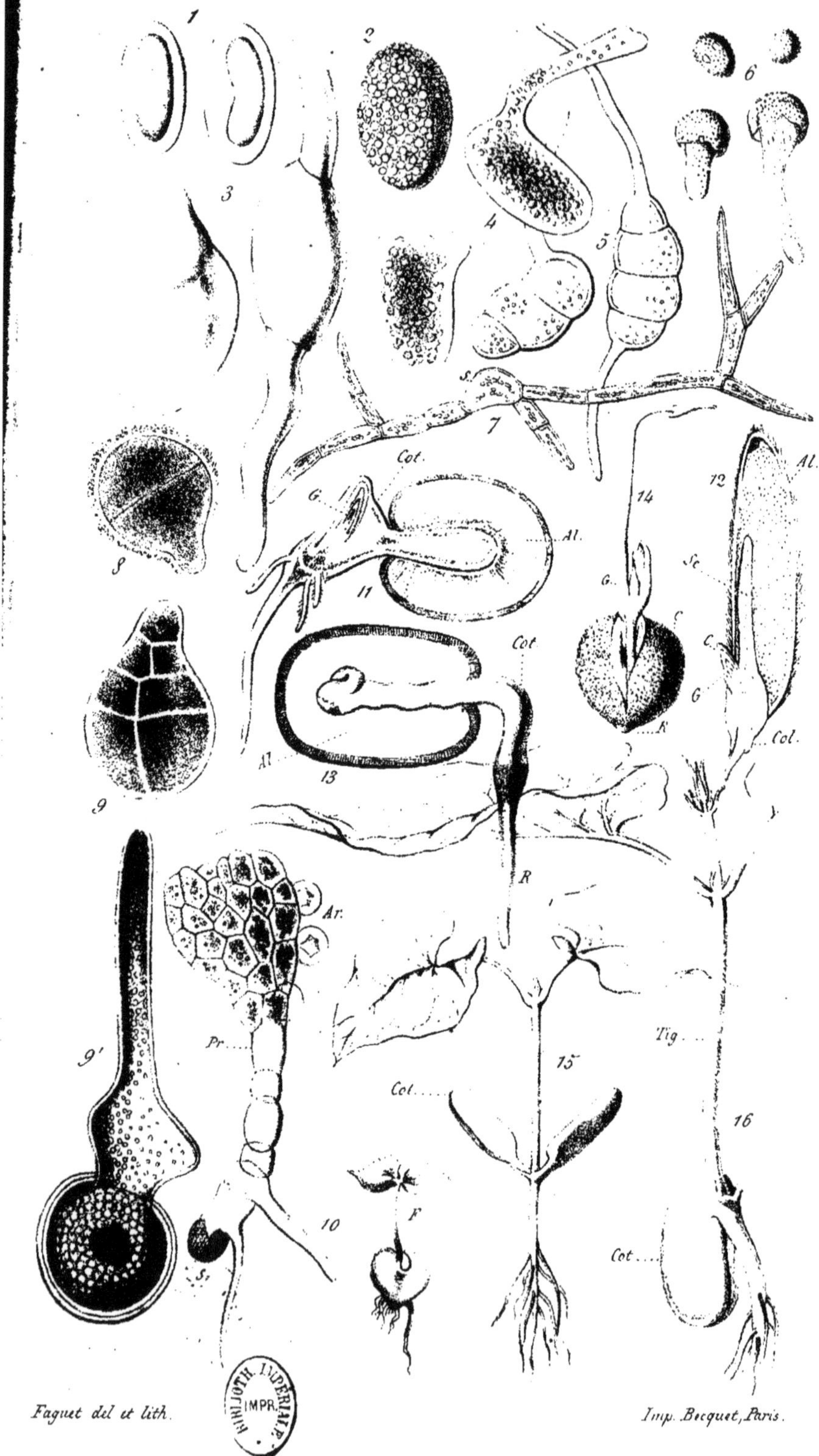

Faguet del et lith.

Imp. Becquet, Paris.

GERMINATIONS.

TABLE DES MATIÈRES

Paris. — Imprimerie de E. MARTINET, rue Mignon, 2.

J.-B. BAILLIÈRE ET FILS,
LIBRAIRES DE L'ACADÉMIE IMPÉRIALE DE MÉDECINE.
Rue Hautefeuille, 19, à Paris.

Londres	Madrid	New-York
Hippolyte Baillière.	C. Bailly-Baillière.	Baillière Brothers.

Leipzig, E. Jung Treuttel, Querstrasse, 19.

Août 1863.

HÉTÉROGÉNIE

OU

TRAITÉ DE LA GÉNÉRATION SPONTANÉE

BASÉ SUR DE NOUVELLES EXPÉRIENCES

Par F. A. POUCHET,

Professeur de zoologie à l'École de médecine,
Directeur du Muséum d'histoire naturelle de Rouen, correspondant de l'Institut de France.

Paris, 1859, 1 vol. in-8 de 672 pages, avec 3 planches gravées.—Prix : 9 fr.

Lorsque par la méditation il fut évident pour M. Pouchet que la génération spontanée était encore l'un des moyens qu'emploie la nature pour la reproduction des êtres, il s'appliqua à découvrir par quels procédés on pouvait parvenir à en mettre les phénomènes en évidence.

Cet ouvrage est le fruit de plusieurs années d'expériences et de recherches incessantes. Il est divisé en dix chapitres : le premier comprend l'historique de la question et est subdivisé ainsi qu'il suit : *Antiquité*, *Moyen âge*, *Renaissance* et *Époque moderne*. Cette dernière époque se distingue des trois autres par la découverte du *microscope*, à laquelle se rattache celle d'un monde nouveau d'êtres organisés. Le second chapitre est consacré à la métaphysique de la question de l'hétérogénie et aux rapports de cette question avec les croyances religieuses et la tradition. Les conditions préliminaires de l'hétérogénie, c'est-à-dire l'étude du corps putrescible, de l'eau, de l'air, du calorique, etc., forment la matière du troisième chapitre. Dans le quatrième, l'auteur traite de la dissémination des germes organiques, et, dans le cinquième, du développement spontané des microzoaires. Les trois chapitres suivants comprennent les preuves géologiques, helminthologiques, et celles tirées du règne végétal. La maladie pédiculaire, la gale et l'anatomie pathologique sont étudiées à part au point de vue de l'hétérogénie, et constituent le neuvième chapitre de l'ouvrage. Enfin, dans le chapitre dixième sont réunis le résumé, les conclusions et les lois de l'hétérogénie.

C'est un des livres les plus curieux et les plus intéressants; il se recommande par une grande érudition, une habileté d'expérimentation peu commune et une puissance de critique remarquable.

RECHERCHES ET EXPÉRIENCES

FAITES

SUR LES ANIMAUX RESSUSCITANTS

FAITES AU MUSÉUM D'HISTOIRE NATURELLE DE ROUEN

Par F. A. POUCHET.

1859, in-8 de 93 pages, avec figures intercalées dans le texte. — Prix : 2 fr.

Cet ouvrage est la suite et le complément de l'*Hétérogénie*. Celui-ci traite de la vie ; celui de la mort montre que le mystère de la création peut se renouveler et renouvelle sans cesse; l'autre discute cette question à l'ordre du jour dans la presse scientifique : *Des animaux absolument desséchés, momifiés, c'est-à-dire absolument morts, peuvent-ils être ressuscités?*

L'auteur commence par faire l'historique des animaux ressuscitants, il rappelle les débats des résurrectionnistes et des non résurrectionnistes. Après avoir montré quelles étaient les causes d'erreur dans les expériences de ses adversaires sur les animaux ressuscitants, il raconte comment il a expérimenté et observé 1° au Muséum d'histoire naturelle de Rouen et à la Faculté de médecine de Paris, sur les animalcules vivants desséchés à l'ombre ; 2° sur les animalcules vivants desséchés au soleil; 3° enfin, sur les animalcules aux températures élevées. Il dit quelle a été sa méthode; il montre quels ont été ses procédés, il dessine même ses appareils, ne voulant imposer à personne son opinion, et il dit quels ont été ses résultats. C'est ainsi qu'il a fait disparaître de la science une erreur qui a trop longtemps abusé les esprits.

THÉORIE POSITIVE DE L'OVULATION SPONTANÉE

ET DE LA FÉCONDATION

DANS L'ESPÈCE HUMAINE ET LES MAMMIFÈRES

BASÉE SUR L'OBSERVATION DE TOUTE LA SÉRIE ANIMALE

Par le docteur F. A. POUCHET.

Ouvrage qui a obtenu le grand prix de physiologie à l'Institut de France.

1 vol. in-8 de 500 pages, avec atlas in-4 de 20 planches renfermant 250 figures, dessinées d'après nature, gravées et coloriées. — Prix : 36 francs.

Dans son rapport à l'Académie, la commission s'exprimait ainsi en résumant son opinion sur cet ouvrage : *Le travail de M. Pouchet se distingue par l'importance des résultats, par le soin scrupuleux de l'exactitude, par l'étendue des vues, par une méthode excellente.* L'auteur a eu le courage de repasser tout au criterium de l'expérimentation ; et c'est après avoir successivement confronté les divers phénomènes qu'offre la série animale, et après avoir, en quelque sorte, tout soumis à l'épreuve du scalpel et du microscope, qu'il a formulé ses LOIS PHYSIOLOGIQUES FONDAMENTALES.

HISTOIRE DES SCIENCES NATURELLES

AU MOYEN AGE

OU ALBERT LE GRAND ET SON ÉPOQUE

CONSIDÉRÉS COMME POINT DE DÉPART DE L'ÉCOLE EXPÉRIMENTALE

Par le docteur F. A. POUCHET,

Correspondant de l'Institut (Académie des sciences).

Paris, 1853, 1 beau volume in-8 de 656 pages. — Prix : 9 francs.

TABLE DES MATIÈRES. — Introduction. I. École scandinave. — II. École francogothique. — III. École bysantine. — IV. École arabe. — V. Ecole expérimentale : Albert le Grand, saint Thomas d'Aquin, Roger Bacon, Alfred le philosophe, Raymond Lulle, Duns Scott, Trithème, Basile Valentin, N. Flamel, Vincent de Beauvais, Abelard, Barthélemy, Brunetto Latini, Richard de Furnival, Agricola, Platearius, Simon de Cordo, Léoniceno, J. de Dondis, P. Sanctinus, Léonard de Vinci, Arnaud de Villeneuve, P. d'Abano, Lanfranc, Guy de Chauliac, J. de Vigo, Mundinus, Berenger de Carpi, Achillini, Marco Polo.

TRAITÉ DES ENTOZOAIRES

ET DES

MALADIES VERMINEUSES

DE L'HOMME ET DES ANIMAUX DOMESTIQUES

Par le docteur C. DAVAINE,

Membre de la Société de biologie, lauréat de l'Institut (Académie des sciences), et de la Société impériale et centrale d'agriculture.

Ouvrage couronné par l'Institut (Académie des sciences).

Un fort volume in-8 de 950 pages, accompagné de 88 figures intercalées dans le texte. — Prix : 12 francs.

La pathologie vermineuse considérée chez l'homme et chez les animaux, offre un vaste champ qui comprend les phénomènes les plus divers, les lésions les plus variées ; considérée dans une espèce unique, le champ se rétrécit considérablement et n'offre plus aux observations du pathologiste que des faits isolés ou incomplets, sans rapport entre eux. Quant à l'homme, certaines affections vermineuses ne l'atteignent pas, d'autres ne l'atteignent que rarement et comme par exception ; de là la nécessité, pour les auteurs qui se sont occupés de ces affections, de chercher des lumières dans les maladies analogues chez les animaux, et réciproquement pour les auteurs de médecine vétérinaire, de demander des éclaircissements à la pathologie humaine. Aussi l'on a lieu de s'étonner que le rapprochement dans un même ouvrage des maladies vermineuses qui atteignent l'homme et les animaux n'ait jamais été tenté. L'intérêt d'un semblable rapprochement, les lumières qu'il devait apporter dans ce sujet, ont déterminé M. Davaine à l'entreprendre malgré la difficulté de coordonner des faits nombreux, d'exposer d'une manière méthodique et lucide des phénomènes variés.

Un assez grand nombre de figures, utiles à l'intelligence du texte, ont été jointes à cet ouvrage. Pour la plupart elles ont été dessinées par l'auteur, d'après nature ou, sous ses yeux, par Lackerbauer.

DE L'ESPÈCE ET DES RACES

DANS LES ÊTRES ORGANISÉS

ET SPÉCIALEMENT DE L'UNITÉ DE L'ESPÈCE HUMAINE

Par D. A. GODRON,

Docteur en médecine et docteur ès sciences, professeur à la Faculté des sciences de Nancy, etc.

Paris, 1859, 2 volumes in-8. — Prix : 12 francs.

Dans cet ouvrage, M. Godron, abandonnant le champ des hypothèses, marche pas à pas ; il s'appuie constamment sur les faits les plus authentiques et en déduit les conséquences qui en découlent naturellement. D'une autre part, considérant cette question délicate dans la généralité, et embrassant à la fois dans ses recherches le détail de tous les êtres organisés, M. Godron arrive ainsi par l'histoire naturelle comparée à la détermination des caractères généraux de l'espèce et des lois qui la régissent. M. Godron commence cette étude par celle des êtres organisés qui ont continué à vivre dans les conditions d'existence que le Créateur leur a primitivement tracées, et en second lieu, il s'occupe de ceux que l'homme a soustraits en partie à leur genre de vie naturelle et à leur indépendance, en les plaçant dans une situation véritablement exceptionnelle. Il aborde ensuite la question en ce qui concerne l'homme, et recherche s'il en existe une ou plusieurs espèces ; question d'une haute importance, non-seulement sous le rapport purement zoologique, mais encore au point de vue politique, moral et religieux.

PHYSIOLOGIE COMPARÉE.

MÉTAMORPHOSES
DE L'HOMME ET DES ANIMAUX

Par A. de QUATREFAGES.

Membre de l'Institut (Académie des sciences),
Professeur au Muséum d'histoire naturelle.

Paris, 1862, in-18 jésus, VI-324 pages. — Prix : 3 fr. 50.

Cet ouvrage est la reproduction d'articles publiés en 1855 et 1856 dans la *Revue des deux mondes*. L'auteur, indépendamment d'un très grand nombre d'additions et de modifications de détails, a refait à peu près en entier le chapitre des infusoires et ajouté tout ce qui est relatif à la parthénogénèse dont l'étude commençait précisément à l'époque de sa première publication. L'auteur a su ne pas être trop technique, tout en ne présentant que des idées vraies, appuyées sur les exemples les plus frappants, et rendre son livre acccessible à toute personne habituée aux lectures sérieuses, en même temps qu'il présentera aux hommes spéciaux les principaux faits qu'ils connaissent, réunis dans un cadre spécial, et des ini cations sur un assez grand nombre de travaux dispersés çà et là.

PHYSIOLOGIE GÉNÉRALE.

TRAITÉ D'ANTHROPOLOGIE
PHYSIOLOGIQUE ET PHILOSOPHIQUE

Par le docteur F. FRÉDAULT

Ancien interne lauréat des hôpitaux et hospices civils de Paris.

Paris, 1863, in-8, XVI-854 pages. — Prix : 11 fr.

TABLE DES MATIÈRES. — Prolégomènes historiques.

Livre I. *De l'unité de l'espèce humaine* (définition de l'homme). — Chapitre I. Doctrine de l'espèce. — Chapitre II. Des caractères essentiels de l'espèce. — Chapitre III. Des variétés dans l'espèce. — Chapitre IV. Témoignages historiques.

Livre II. *Des causes ou principes.* — Chapitre I. De l'âme ou cause formelle. — Chapitre II. Du corps ou cause matérielle. — Chapitre III. Des causes efficientes. — Chapitre IV. Des causes finales.

Livre III. *Des actes* (classification). — Chapitre I. Des actes végétatifs (nutrition, génération). — Chapitre II. Des actes de l'ordre animal. — Chapitre III. Des facultés intellectuelles.

Livre IV. *Des relations dans l'homme.* — Chapitre I. Lois générales des relations. Chapitre II. Des relations dans l'ordre végétatif. — Chapitre III. Des relations dans l'ordre animal. — Chapitre IV. Des relations dans l'ordre intellectuel. — Chapitre V. Des relations entre les trois ordres. — Chapitre VI. Des rapports entre l'activité et ses instruments.

Livre V. *Des modalités.* — Chapitre I. De l'individualité. — Chapitre II. Des personnes de la famille (l'homme, la femme et l'enfant). — Chapitre III. Des races humaines. — Chapitre IV. Des tempéraments. — Chapitre V. De l'habitude et de la santé. — Chapitre VI. Du caractère. — Chapitre VII. De l'état de veille et du sommeil.

Livre VI. *De la vie et de la mort.* — Chapitre I. De la vie fœtale et de la naissance. — Chapitre II. Les âges ou les époques. — Chapitre III. Des anomalies de développement et des monstruosités organiques. Chapitre IV. — De la durée de la vie. — Chapitre V. De la mort.

Paris. — Imprimerie de E. MARTINET, rue Mignon, 2.

www.ingramcontent.com/pod-product-compliance
Ingram Content Group UK Ltd.
Pitfield, Milton Keynes, MK11 3LW, UK
UKHW020348180726
13839UKWH00002B/993